养育幸福小孩

叶菁 著

机械工业出版社
CHINA MACHINE PRESS

焦虑的父母在内卷和鸡娃的浪潮裹挟下艰难前行，既希望孩子有好成绩和成功的人生，也希望能给孩子幸福快乐的童年。

本书结合 P. E. T. 父母效能训练、积极心理学和萨提亚模式，旨在帮助读者走出焦虑，一步步构建孩子的幸福力，助力孩子创造蓬勃成功的人生。本书采用通俗易懂的语言，将专业的心理学知识融入真实感人的案例中，帮助父母学会提升孩子的情商，助其拥有和谐的人际关系，自尊自信，带着成长型思维和从困境中崛起的心理韧性，发挥创造力，绽放潜能，成就自我。本书最后也分享了如何让爱在家中流动，让整个家庭系统运行得更顺畅，让家成为爱与幸福的港湾，而非恨与伤害的牢笼。

本书不仅仅停留在知识层面，每个章节都会与读者分享落地的实操小工具和针对性练习，帮助读者知行合一。

图书在版编目（CIP）数据

养育幸福小孩 / 叶菁著. —北京：机械工业出版社，2021.7

ISBN 978-7-111-68467-1

Ⅰ.①养… Ⅱ.①叶… Ⅲ.①家庭教育 Ⅳ.①G78

中国版本图书馆 CIP 数据核字（2021）第 114157 号

机械工业出版社（北京市百万庄大街 22 号　邮政编码 100037）
策划编辑：王淑花　徐曙宁　责任编辑：徐曙宁
责任校对：张　力　　　　　责任印制：单爱军
北京新华印刷有限公司印刷

2021 年 9 月第 1 版第 1 次印刷
145mm×210mm·8.5 印张·155 千字
标准书号：ISBN 978-7-111-68467-1
定价：58.00 元

电话服务　　　　　　　　　网络服务
客服电话：010-88361066　机 工 官 网：www. cmpbook. com
　　　　　010-88379833　机 工 官 博：weibo. com/cmp1952
　　　　　010-68326294　金 书 网：www. golden-book. com
封底无防伪标均为盗版　　　机工教育服务网：www. cmpedu. com

推荐序一

通往幸福的加油站

我们都希望自己有一个充盈、幸福的人生，也都希望自己的孩子健康、快乐且成功。但是在现实生活中，我们中的很多人都有着深深的挫败感和焦虑感，其中一个重要的原因，是我们暂时还没有掌握幸福的秘诀和积极养育孩子的方法。

这是一本关于幸福的理念和方法的书，也是一本关于家庭教育和亲子关系技能的书。我带着欣赏和感动通读了这本书。欣赏，是看到了这本书所传达的丰富的知识信息；感动，是体验到了这本书所传达的进取和爱的力量。

叶菁是我在清华大学积极心理学指导师认证班上的学员，我也是她的论文指导老师。经过了深入系统的学习，她深入领会了积极心理学的精髓，并把很多理论和方法学以致用。以本书的第一章为例，负面偏好、积极情绪与消极情绪、品味、积极主动式回应、三件好事、感恩等，都被作者娓娓道来，并与她的生活实践有机结合。此外，我翻译的《坚毅》一书也被她特别介绍，其中的很多理念和方法她也都予以活学活用。作为积极心理学创始人塞利格曼教授的弟子，作为一名老师，我非常欣慰能有这样既努力又有灵气的学生，能够认真学习积极心理学，并把积极心理学的理论和方法进一步传播，让更多的人受益。

本书的一大特点是将 P. E. T. 父母效能训练、积极心理学和萨提亚模式，与作者在咨询培训以及养育自己孩子中的实践相结合，希望能给想告别焦虑和无助感的父母们提供一些方法，注入一份轻松，让家成为爱与幸福的港湾，而非对抗与伤害的牢笼。我尤其喜欢本书所分享的作者自己的育儿经验，看她作为两个孩子的妈妈，如何用简单落地的幸福方法，走出鸡飞狗跳，将紧张焦虑、平淡无奇的日子变成幸福有爱的美好时光。

本书还有一个令我欣赏和感动之处，就是作者的真诚、上进和勤奋。作为一名80后，叶菁既要工作、又要学习，还要照顾家庭和两个孩子，可以想象压力是多么大；而且她的工作还是创业，要咨询、培训、开读书会、做工作坊、带成长小组等。就在这样的情况下，她还能不停地学习和提高，还能写书分享（甚至还能做瑜伽冥想和画画）……没有顽强的进取心和强大的时间管理能力，是无法做到的。此外，从本书的字里行间，读者可以感受到作者不加掩饰的真诚，包括分享自己做得不够好的地方、无助的感觉以及自我提升的意愿。这种真诚和对成长的追求，恰好是作为一个好的咨询师和培训师，以及作为一个好妈妈、好妻子和好女儿，所不可或缺的。

　　本书用通俗易懂的语言、落地的练习，构筑了一个个通往幸福的加油站。如果你正在为自我成长和家庭关系而苦恼，想要做出调整和改变，如果你想从育儿焦虑中解放出来，提升养育效能和幸福感，这本书会为你提供很多实用的方法。

安　妮

清华大学社科学院积极心理学研究中心特约研究员

育心学苑创始人

哈佛大学心理学硕士、宾夕法尼亚大学应用积极心理学硕士

推荐序二

那些领会生命恩典的人终将幸福

我看过一个故事。有一个人很想买彩票中奖，于是，天天跑去祈祷："上帝啊，让我中奖吧，我想中奖。"终于有一天，上帝也受不了了，对他说："你倒是去买张彩票啊。"

生活中，没有人不渴望幸福，但大多数人却只是停留在渴望和祈祷的阶段而已。当生活遇到困难、阻碍时，他们总是绕道而行，把幸福的追求抛至脑后。然而，对幸福这个大奖来说，生活里的困难就是一张张通往幸福的彩票。

当然，也有人选择积极面对困难和阻碍，最终品尝到了幸福。叶菁，就是其中一个。从她参加 P. E. T. 父母效能训练讲师班开始，我看着她经历各种困难，把所学的 P. E. T. 父母效能训练、积极心理学及萨提亚模式，融会贯通，运用在她点点滴滴的生活中，平实而动人。

有一次，我偶然听到她与女儿聊死亡的音频。很多父母对于这个话题都十分恐惧，不知道如何跟孩子聊。我听着她一点点跟随孩子，贴近、共情孩子。在她的倾听下，孩子一点一点找到自己的答案。这个貌似简单的过程，我却听得眼眶湿润——为人父母，愿意退至孩子的身后，给孩子最大的舞台和空间，允许孩子找到自己的答案，这是多么令人赞叹的智慧啊。

自从叶菁老师生下二胎后，她更是把生活中遇到的所有困难，都当成是一张张通往幸福的彩票。在她的这本书中，你可以看到她是如何化解二宝家庭的"世纪大战"，如何使用学到的知识一点点增进家庭成员的亲密关系，又是如何处理孩子上学遇到的种种问题，以及如何探索自我、悦纳自我。她很有智慧地打开优势转换键，看见孩子身上的闪光点，和孩子一起穿越生命中遇到的挫败，耕种生命的福田。

她令我想起一句话："生命中所有的事情不是冲着你而来，是为你而来。"我想，生命里的困难时刻都是恩典，问题在于我们能否领会生命的恩典，而那些能领会的人终将幸福。

我诚意地推荐叶菁的这本书，它是一本值得你细细品读的书，一本能为你赋能的书。

安心祝你幸福！

安 心

P. E. T. 父母效能训练中国区督导

推荐序三

在冬季，遇见了温暖

收到叶菁发来的邀请，请我为她的书写序，我真的激动万分，非常感动。我们的故事从 2017 年开始，遇见她，让我觉得我遇见了温暖本暖。

我们是在上海 L. E. T. 领导效能训练工作坊相遇的。作为刚刚进入效能训练界不久的我，在整个团队里显得弱爆了。我没有孩子，也还不是讲师，在课堂里显得略微格格不入。而她，却对我的言论充满好奇，把倾听用到极致，让我感受到接纳和欣赏，也让我觉得这个领域欢迎我加入。她是一个知行合一的人，在她身上，我感觉到所有的"方法"都在践行。这一见，竟然"如故"了。

践行，是最大的影响力。我记得与她合办的一期课程里，有一位学员，内在力量非常弱，在生了孩子之后，严重拖延，没有行动力，常常自我否定，觉得工作难以取得成绩，育儿又遭遇很多挫败，家人不够合作，听起来生活一团乱麻。而叶菁在陪伴的过程中，全心倾听，让真问题浮现出来：学员的妈妈非常全能，而学员自己很难做到像她妈妈那样能干，因此自己常常处在想要休息与达到妈妈的期待之间徘徊内耗，于是行动力变弱，还常常评判自己。而叶老师帮助她看到自己的想法和感受之间的连接，也放下了自我苛责，感到轻松了许多。在社群开始一周后，这位"拖延症患者"成了群里的学霸，做了非常详尽的笔记，收获满满。

后来，我还看到叶老师使用情绪治疗、正念冥想、P.E.T. 的第三法、萨提亚的雕塑法等方式，先后陪伴了 18 个来访者，例例都让我收获颇丰。

看，她不止曾滋养过我，更是可以滋养遇见她的人。

读这本书，更像读她本人的经历和智慧。这本书记录了她践行中的一点一滴，有详细的方法，也有可操作的步骤，更有可获得、可复制的幸福。而更值得期待的，是幸福不仅仅来源于"育儿"，你在书中可以看到整个家庭关系的改善法则，既有"界限"，又充满"爱"。界限，可以让家人感到信任、尊重、安全和可发展；而界限旁边的那份爱，则给予家人支持和滋养。当你随着这本书的方法进行练习时，你将找到一片和家人"共赢"的成长地，而不会越俎代庖地侵占了其他家人的"位子"。这是一种非常有利的成长模式。

我是一名心理咨询师，接触过数百位咨询师，却唯有叶菁

的咨询，总是让来访者感觉自己拥有了力量，看到自己的不容
易，更看到自己可以站起来去面对的那种信心。她是我五星推
荐的咨询师，更是我合作中感觉最赋能的合作伙伴。现在，她
的经验终于要出版了，我怀着万分激动的心读完，又满心欢喜
地希望把这本书推荐给大家，邀请大家和我一样，一起来被滋
养吧。

薛熙蔓

P. E. T. 父母效能训练资深讲师

国家注册二级心理咨询师

原始见终心理工作室创始人

自 序

有一阵子，我迷恋烘焙，常常坐在面包店里，闻着幸福香甜的面包香气，透过明亮的玻璃，看操作间里烘焙师傅们娴熟地把一个个面团变成可口的面包，看着似乎并不难。回到家，尝试着做面包，却屡屡失败。对待手中的面团，既不能不管不顾，让面团失去变成香甜面包的可能，也不能用力过猛，揉搓过头，让面团失去弹性，成了一摊死面。失败了数次后，我发现没有系统学习做面包的技法和心法，很难做出好吃得让人感到幸福的面包。于是拜师学艺，懂得了其中的窍门，加以反复练习，才发现做出好吃的面包也可以是简单的。

后来生了两个孩子，发现养育幸福孩子的过程也特别像烘焙一个个幸福面包，同样需要学习技法和心法，并带着耐心和爱，反复实践。养育过程中，一个个不同的生命时刻就像不同的面团，假如加入分量不同的酵母，搭配不同的配方，再根据面团的特性施以不同的力道按揉；然后，停下来，耐心等待面团发酵，环境中不同的温度和湿度会让发酵时间变得不同；烘焙时，不同烤箱的温度和湿度，会慢慢地焙出不同口味的面包。有些成了黑暗料理，咬下去是苦涩。而有些因为酵母放得到位，辅以合适的配料、温度、湿度和时间，就焙成了可口、香气漫溢的面包，一口咬下去都是幸福和爱的味道。

"积极心理学之父"马丁·塞利格曼（Martin E. P. Seligman）在《持续的幸福》一书中提出了幸福2.0版本的PERMA模型（见图1）。在发挥自身优势品德的基础上，构建蓬勃的人生（Well-Being）包含了积极情绪（Positive emotion）、投入（Engagement）、人际关系（Relationship）、意义（Meaning）、成就（Accomplishment）五大要素。

图1 PERMA模型
（来源：马丁·塞利格曼《持续的幸福》，2012）

在我心里，避开黑暗料理的坑，养育幸福小孩的幸福配方就在于此。只有深入了解和善用不同面团自身的特性和优点，才能做出香甜可口的幸福面包。烘焙幸福面包的幸福配方中，有5个主要配料："积极情绪"，就像幸福面包里要加入的油、盐、糖，各种滋味让生命更丰盛；"投入"是制作过程中的深情专注；"人际关系"，就像加入的水或牛奶，流动滋养，连接起彼此；刚出炉的散发着幸福香气的面包所传递的人生"意义"是让我们拥有热气腾腾的生命，为自己和他人创造美好生活，而不仅仅是活着；当然，要"成就"这样一个幸福面包，还要有想做它的心（内动力）、创造力和坚毅。如此，孩子将保有积极自我、蓬勃幸福的人生，而这一切都离不开合适的烤箱提供烘焙所需的温度和湿度，就比如孩子的养育环境——我们共同创造的家。

感谢您在茫茫书海中选择了这本书，让我有机会透过文字与你分享如何养育幸福小孩。很荣幸与你相遇，唯愿能助你的生命少一点苦，多一点甜，少一份焦虑，多一份轻松和幸福，让家成为爱与幸福的港湾，而非恨与伤害的牢笼。

我是芸芸众妈中平凡又不平凡的一位，和你一样有着爱恨情仇。这一生，我想要尽我所能，做真实、丰盛、绽放的自己，协助我的孩子幸福健康地成长；同时帮助更多家庭更加幸福，让更多孩子保有真我和健全人格；和同频的人，一起做滋养生命的事情，品生活，修身心，慢养育，接收爱，给予爱。

我希望自己可以全然真诚：真诚地生活，真诚地写作，真诚地分享。在书中，我分享了近70个幸福方法，这些方法不仅基于真实数据，有科学实证，可靠可行，而且也都经过自己躬身入内，深刻实践，知行合一。本书写作的过程也是一段照见自己真心的旅程。书中的案例基调是幸福，但并不全是快乐和喜悦，也会有挣扎和挫败。每次试着将奔涌而来的痛苦转为合适的语句，便是聆听自己内心声音的过程：毫不退缩，直面真相，浸润其中，又同时带着觉知地置身其外，在深入体验与保持距离间找寻平衡，疗伤于此开始，苦痛转化为滋养自己的力量。如若这些经过用心反思并如实记录的故事和文字能给你带去一点温暖，化入你心，照亮生命中的某个拐角，对我来说就足够了。

在书中，你将看到如何让孩子拥有更多积极情绪，走出负向情绪，提升情商；我也将分享和孩子说"不"的艺术和情绪管理，协助你与孩子建立清晰健康的界限，享受舒适温暖的关系；你还会读到如何培养孩子的自尊自信，让孩子拥有决定性的人生优势，更加悦纳自我，带着成长型思维和从困境中崛起的心理韧性，发挥创造力，成就自我，把生命过成福流；最后我会和你分享，如何与家人共建幸福家庭，让爱在家中流动。

全书共有 30 个小练习。在每个章节中，我都会提供落地的实操小练习，并留有练习的空白页，期待你能在书上留下你的想法和感受以及行动的故事。每日一练习，为爱赋能，让家可以美好不伤害。我深信，每个生命都如此不同，每个人的幸福配方也都是独一无二的。不同的故事创造不一样的世界。你可以根据自己的情况，在你的幸福面包里，加入不同的配料：芝麻、火腿、奶油、卡仕达酱……焙出属于你的独一无二的幸福面包。期待以这样的方式，我们一起去探索这段旅程，就像我们相约好，合力一起来烘焙幸福面包，以这样的方式参与，创造不一样的交集，从而使改变的机会发生，共创"我们"之书，而非"我"之书，共创带来力量的多元版本，让幸福能不断发酵，让更多人一起更幸福。

你若读后能付诸行动并持续行动，我会深深感恩这一份坚持。我深信，父母真心为了孩子的幸福考虑，并知行合一，爱才能流动，那将会帮助你收获和孩子、和爱人、和你生命中每一个有缘结识的人之间温暖美好的关系。我相信，因为这份连接和温暖，这个世界将变得更美好！

感谢我的孩子们，乐和渊宁，你们是来到我生命中的两个小天使，因为你们，我才有了人生中第二次成长，所以我想记录下和你们的这段不可能重来的岁月，等到你们长大，再来读妈妈的这些文字，也许不经意间就能解开你们的一点点心结或者小怨恨吧！妈妈也是第一次当妈妈，也会犯错，也会无奈、无力、不知所措，感谢你们给予妈妈的无条件的爱和包容。爱你们！

感谢我的爱人，在我写书的过程中给予的支持和鼓励，让我有机会和空间以写作的方式反思、记录、分享。

最后，祝愿每一位读者都能做真实、喜悦、丰盛、绽放的自己，期待我们互帮互助，一起成长、陪伴，活出爱，成为爱！让家庭和孩子更幸福！

期待你的阅读、分享和反馈，期待你加入"幸福酵母行动"！让幸福发酵！

目 录

第一章　积极情绪

第二章　幸福关系

第三章　积极自我

第四章　成就与意义

第五章　幸福家庭

引 言

|

幸福是什么

　　幸福就是，静静的夜，刚满月的二宝在怀中睡着，大宝靠着我的背，搂抱着我，也进入梦乡。左拥右抱的我觉得这是最幸福、温情的时刻。

　　幸福就是，孩子们睡熟，我和老公在客厅享受一会儿二人世界，看看心仪的电影。听闻二宝的声响，我悄悄进屋，看见3岁多的姐姐已经靠近在哄弟弟了，自己咳嗽了又翻滚到一边自己睡，怕传染给弟弟，二宝声音再起，大宝再上前轻拍……

　　幸福就是，初夏的凉风吹过窗外大树郁郁葱葱的叶子，轻柔的钢琴声伴着雨点，淡淡的暖黄灯光映着孩子熟睡的脸，4岁孩子的脸庞圆乎乎的，让人看了就忍不住想亲一口，软软糯糯的小身体躺在我的臂弯里。轻轻地把手臂从孩子的身下抽出，给自己点上精油香薰，随手翻翻白日里没读完的书，而对面的房间里，老公带着大宝在讲睡前故事……幸福就在这些生命细微处，温润，静好。

幸福就是，童年的瞬间在心底荡漾开的美好，让现在的我想起，依然嘴角上扬：老式留声机上的唱片一圈圈转着，流淌出好听的歌声，爸爸和妈妈愉快地聊着天，4岁多的我开心地在一边折纸玩着。于是现在的我也喜欢在闲暇时，根据不同的情境播放不同的音乐，或古典、或爵士、或BossaNova、或摇滚，为生活奏响和谐的背景乐，家人间生硬的语调变得轻柔缓和，声声催促变成了笑意盈盈的默默注视，消融了时不时来袭的郁郁寡欢和孤独寂寞。

幸福就是，生活中时时有爱的流动，和喜欢的人一起，做喜欢的事，彼此欣赏。

我喜欢静静地看和听家里两个孩子间的互动：

9岁的大宝和5岁多的二宝和平地一起玩各种游戏，不觉无聊。二宝会情不自禁地说："姐姐，我最爱你了，姐姐，快来看呀！"胖乎乎的小手抱着大宝，大宝此刻会低头用小脸贴着二宝柔滑的头发，满脸宠溺，甜蜜得让我嫉妒。

大宝练习英文的时候，也带着二宝一起读，还时不时伸出大拇指给弟弟点赞；二宝常应大宝的邀请陪她写作业，一个写作业，一个在旁边安静地看书，我也可以独自在客厅里画会儿画，看看书。

二宝伤心难过大哭，说不清话，大人们听不清他哭腔中要表达的咿咿呜呜，大宝则会耐心倾听，解读弟弟的情绪，被读懂和看见的弟弟向姐姐伸开了双臂，停止了哭声，要姐姐坐在他身边和他一起用餐。有时姐弟俩也会上演"世纪大战"，搞得一地鸡毛，好在最后他们总会尽量尊重彼此的需求，双赢地解决冲突。

幸福就是被理解，被看见，被接纳。

无意间把孩子的手工作品压扁了，赶紧努力修复，真诚地道歉后，孩子用泪汪汪的眼睛看着我，然后笑着说："没事，妈妈！你就是太累了，头晕眼花，你休息一下，我可以再做一个送给你。"

幸福就是，老公剥了一个橘子，让孩子们送到我嘴里的甜蜜。幸福就是他带着孩子们去公园踢一场足球，奔跑大笑，大汗淋漓，给我放松的空间。回到家，大家一起泡着浴缸，看投影布上放映的《蓝色星球》，然后带着精油的余香甜甜入睡。

幸福就是，虽有波折，但内心平静。

刚抵达目的地，发现水杯没旋紧，孩子要穿的幼儿园背心湿透了。没有慌乱，没有互相埋怨，静静地返程。孩子举着幼儿园的背心，让风和阳光把它吹干，绿色的背心随风扬起，我和孩子对视一笑。回到家，烘干背心，愉快地去和老师会合。

幸福就是，有心流流动。

晨起做有挑战的瑜伽体式，尝试新的冥想；选一个喜欢的场景，用水彩画出心情；和伙伴们一起开读书会、工作坊、成长小组，共读，分享，倾听，成长。找到人生的意义所在。

幸福就是，无须时时恐惧，有恐惧时也可以带着恐惧前行。踏出舒适区，尝试新的事物、新的沟通、新的创造、新的突破，拓展自己更多的可能性。

幸福就是，一张一弛，平衡自在。

幸福就是，早上挥手说"再见"的人，晚上平安归来；背包挂在同一个挂钩上，鞋子东一只西一只地待在鞋柜外……

幸福就是，一家人都健康、平顺，珍视彼此，享受有爱流动的每一个当下。

养育
幸福
小孩

育
福
孩

第一章

积极
情绪

积极心理学研究证明，喜悦、感恩、宁静、好奇、兴趣、快乐、希望、自豪、愉悦、激励、敬畏和爱等积极情绪，可以让你感觉到幸福，它是每个人自身就拥有的一股力量，善用这股力量可以帮助我们乐观、有韧性地建立长期健康的生理资源、心理资源、认知资源和社会资源，身心康健，学习发展，拥有较高的幸福感和生活满意度。

细品幸福，提升积极情绪

不知你可有遇到过以下情况：

小时候，考好了，爸妈说："别骄傲嘚瑟，一松劲儿就落后，又被别人赶上了！"你坚持己见，他们说："你怎么那么固执！"你做取舍，他们说："怎么就放弃了？虎头蛇尾！"你满心委屈，"他们横竖看我都不顺眼，为什么就是看不见我的好，看不见我已经做到的呢？"你在心里暗下决定，"我长大绝不这样对我的孩子。"但成年后，有了自己的家庭，当了父母，对孩子和伴侣却也停不下抱怨，反复数落对方没做到的那 1 分，忽略了他保有耐心、积极努力的 99 分。

为何人们总是更容易关注负面，却对生活中的积极事件以及其中包含的积极情绪视而不见呢？这其实是人类的共性——负面偏好。人类进化史决定了我们本能地对负面更为关注。远古时代，人的本能需求是生存和食物。当猛虎逼近时，大脑迅速反应、恐惧即刻升起、拔腿快跑的祖先们存活了下来；寻觅食物时，能辨识出毒蘑菇、升起厌恶、避开危险的祖先们存活了下来。瞧，警惕负面事件，升起消极情绪，激发相应行为是人类适应生存的重要手段。这些有能力保护好自己的祖先们不断繁衍后代，才有了我们。在近几万年的进化中，人类的大脑变得更注意动态、负面、消极的事物。科学家扫描大脑时发现，当恐惧和厌恶的情绪来临时，大脑有反应且活跃的区域最多，留下的痕迹更深；而积极情绪来临时，大脑有反应和活跃的区域却相对较少。这就带来了负面偏好，即便生活里已经没有吃人的老虎，我们却依然容易本能地选择性关注负面的信息，变得消极。

在消极情绪状态下，人容易悲观，更易产生攻击性行为。当处在积极情绪状态下，人容易注意美好的一面，建立长期健康的生理资源、心理资源、认知资源和社会资源，身心更康健。

父母在家庭中关注孩子的身心康健，为其创造安全、愉悦、爱意满满的氛围，有助于孩子拥有更多积极情绪。当处在积极情绪中时，孩子的情绪系统感觉到安全，会自然而然地促发其奔跑、运动、玩耍，从而构建空间感、平衡感、认知力和创造力，拓宽生活学习的领域和空间。积极情绪中的孩子思维能力和整合认知能力更强，思路更广阔，点子更多，创建的选择更丰富，行动力更强，更有弹性和灵活性，创造力整整提高3倍，更愿意突破局限，探索新体验，获取新知识，也更乐于分享。实验还证明，孩子带着积极情绪参加考试，成绩更优。

同时，这对于父母也大有裨益。美国加州大学河滨分校的心理学家卡瑟琳·尼尔森（Katherine Nelson）、塔米·英格丽斯

（Tammy Inglis）和柳布琳斯基（Lyublinsky）发现，父母关心孩子身心康健，更多拥抱、陪伴孩子，共度快乐亲子时光，比仅仅只管孩子吃喝拉撒，自身的幸福感要高很多。因为在他们合力养育孩子的过程中，尝试了新体验，增进了情感，把爱传递给下一代的同时，自身也得到成长，人格迈向成熟。

在陪伴中，如何让孩子感受到安全、关爱，从而培养和提升他们的积极情绪呢？首先我们需要有一双发现幸福的眼睛，一颗敞开觉知幸福的心，甚至还需要刻意练习感知幸福的能力。

主动积极式回应

著名的心理学实验——面无表情实验⊖和陌生情境实验⊜——都证实了父母及时了解孩子的需要，给予主动积极式回应

⊖ 美国哈佛大学儿童发展研究中心的爱德华·托尼克（Edward Tronick）教授所发明的一种测量孩子和父母关系的心理学实验：6个月的婴儿和母亲面对面地互相凝视，一开始，妈妈对孩子有积极回应，微笑，抚摸；1分钟后，妈妈开始将头转向另一方，婴儿完全看不见母亲的脸；5秒钟后，母亲将脸转向婴儿，无论婴儿做什么样的动作，甚至表现出负面情绪，妈妈只是静静地望着不动，不做任何反应。孩子的情绪从愉快变成严重的不安，烦躁，紧张，失望，不知所措，皱眉头，咬手指，大叫，甚至大哭，表现出希望逃离现场的意愿。

⊜ 心理学家玛丽·安斯沃斯（Mary Ainsworth）在实验室中用单向玻璃来观察妈妈和1岁大的婴儿的互动。在实验过程中，母亲短暂离开房间然后再回来。当妈妈离开房间之后，孩子们的心跳和压力荷尔蒙变化显示，他们是感受到了压力和焦虑。处在安全型依恋关系下的孩子，在妈妈离开的时候，哭得很难过，妈妈一回来，会立刻去亲近妈妈，并很快地被安抚，停止哭泣，也能够继续玩玩具。焦虑矛盾型依恋关系下的孩子，在进到新房间时就非常焦虑、黏人，不愿意探索新的环境，妈妈离开时，很难过，妈妈回来后，可能会继续找母亲，但无法被安抚，会继续哭泣，想接近母亲但又害怕焦虑。不安全型依恋关系下的孩子，在妈妈离开房间时，似乎一点都不在意，妈妈回来后，也不会去靠近母亲。

（Active Constructive Responding，ACR），会让孩子感受到被看见、被听见、被理解、被认可、被满足，从而和孩子建立安全依恋关系，避免焦虑矛盾型和不安全型依恋关系。玛丽·安斯沃斯（Mary Ainsworth）的研究发现，1岁时形成的依恋关系会长伴孩子，19岁时的依恋关系类型和1岁时的依恋关系类型基本上是一致的。不同的依恋关系会让孩子以不同的方式解读外在世界，理解他人行为，决定自己与他人如何互动，而这些都决定了他们在关系中获得幸福感的程度。幼时，哭有人抱、有人回应、有人关注、获得积极回应的孩子，往往更有安全感，更独立，更愿意冒险和探索未知事物，也相对不黏人、较少哭闹、拥有更多快乐的积极情绪。建立安全依恋关系，对孩子一生的幸福将产生积极深远的影响。

回想一下，在孩子和我们分享开心的事情时，比如他画了一张自己很满意的画，你通常是如何回应的呢？

A. 继续做自己的事情，随便应付几句："哦，知道了。"（表情平淡，很少甚至没有积极情绪）

B. "车子的轮子怎么会是方形的呢？""你这个颜色用得不协调。""画成这样，你还满意啊？！"（表现出消极情绪，皱眉等）

C. "别烦我！我还有一大堆事呢！""你作业写完了没有啊？没写完还画画！"（几乎没有目光接触）

D. 热情给予回应："哇！你是怎么想到这样来画的？"
"当你想到这个新方法的时候，是什么感觉啊？""我
简直都要被你惊呆啦！"（保持眼神接触，真诚表达积
极情绪）

A 是积极被动式回应，孩子会感觉到自己不太被重视；B
是消极主动式回应，孩子会感觉到尴尬，觉得自己犯错了；C
是消极被动式回应，完全忽视了孩子的话，直接转移到其他
事情上，孩子会觉得沮丧，感觉不到关心；D 是积极主动式
回应，父母强烈地好奇着孩子和他的作品，倾听孩子分享他
愉悦的体验具体从何而来，是什么在激励着他，积极回应他
的愉悦，这样的回应让孩子重温自己的积极情绪和成就感，
幸福快乐翻倍，也帮助孩子对自身的积极情绪有更多认知，
从而可以善用自己的这股力量。

品味幸福

当我们品味美食时，比如一颗枣，可以先观其形、闻其味、
用指尖感觉一下表皮的光滑紧实，再慢慢放入嘴中，轻咬一口，
感受果肉和汁水带来的酸甜可口，如此全身心投入地品味所体
验到的幸福大于囫囵吞枣。全身心细细体会，放大积极体验的
思想和行动被称为品味。当孩子和你分享喜悦时，将自己全神
贯注地投入当下，与孩子同频，享受这一刻，就把握住了消减

负面偏好、增加积极情绪的好时机。你会发现，孩子是我们学习"品味"的老师，越小的孩子越关注当下。我们要做的就是，不打扰他们感受的流淌，给予孩子充分的空间来品味这段积极体验。心随他动，与之同乐。比如，孩子听到美妙的音乐，翩翩起舞，我们可以静静地坐下来，欣赏孩子的愉悦；尽兴之处，你若愿意，也可以加入他（她），与之共舞；可以在言语上，给孩子一个肯定，描述孩子的行为对自己的影响和感受："妈妈刚才看到你随着音乐起舞，每个动作都踩在节拍上，很舒展，我也被你的愉悦感染了，感觉心里美美的。"还可以用心记录此时此刻的愉悦，留下幸福时刻的纪念品，比如把孩子的舞蹈过程拍摄下来，也可以邀请（不强迫）大一些的孩子写一篇短小的文字，描述自己当下的体验，录音也可以，用孩子喜欢的方式留存下这个美好时刻。不同形式的品味都可以让我们体验更多积极情绪。

心理学测试证实，带着积极情绪比带着抑郁等消极情绪更容易感染身边人。常做这样的幸福品味记录，也可以愉悦自己，让家中有更多积极情绪涌现，相互感染。

建立积极档案

建立专属的积极档案，可视化地呈现生活中美好、积极、值得尝试、愿意为之奋斗的事物，可以帮助孩子提升自信、幸福感和成就感。比如，在孩子的书桌上做一面积极档案墙，这份档案包含但不限于以下这些内容：

（1）美好的回忆，比如全家福、旅行的美照、与朋友的合影。

（2）曾经取得的成就。

（3）憧憬的未来，向往或想去学习的地方，想达成的目标，尽可能具像化，用图片、照片体现出来。

（4）积极的榜样，比如我会贴上曾经影响过我人生的很多老师的照片。

（5）感动和激励自己的一些话语。

（6）自己喜欢的艺术/名画、诗歌、书法。

当情绪低落的时候，看看这些生活中的美好点滴，能提醒我们去乐享所拥有的，相信未来还有无限可能性等着我们去探索，幸福就在点滴的小确幸之中。

✔ **积极主动式回应小练习**

1. 写下你最近听到孩子说的一件好事。

2. 你当时是怎么回应的？孩子对你的回应是什么反应？

3. 试着写下怎样更积极主动地回应。

✔ **品味幸福小练习**

请你记录一次今天的幸福时刻。

第一，专注于积极感受，全心全意地享受积极情绪，并在下面写下具体的行为给你带来的感受，以及为什么会产生这样的感受。

第二，留下纪念品。

第三，写下自我肯定。

第四，你想以什么方式与他人分享以上幸福，让快乐传递，让幸福提升？

学会感恩，让积极情绪倍增

尼采说："感恩即是灵魂上的健康。"在所有的积极情绪中，感恩是其中一种容易让幸福持续倍增的情绪。

2010年11月25日，《华尔街日报》总结了关于感恩的科学研究，发现感恩的人更健康、更幸福、更乐观，朋友更多，不容易嫉妒、贪婪、抑郁或酗酒；甚至感恩的孩子成绩更好，较少头疼、胃疼。积极心理学研究也证实，感恩能让人们更加积极地体验生活、品味生活，注意到生活的美好面；能提升自我价值感，增强自尊，有更强烈的目标感、意义感；有助于应对压力和心灵上的创伤，减少负向情绪，修正负面偏好，变得正面、积极；能激发人的道德感，摒除攀比心理，也更愿意为自己和他人的共同利益而奋斗，从而加强社会联系，更容易融入生活、融入人群，和大家和谐相处；睡眠也更加优质。

常有父母问我："我也知道感恩重要，可怎样让孩子学会感恩呢？现在的孩子生活在蜜罐里，物质条件丰富，反而不懂

感恩，喜欢攀比，只关注同学有的，自己没有的。有没有必要
让孩子去参加一些'感恩'教育？"现在市面上有一类"感恩"
教育，让孩子给父母洗脚，向父母忏悔自己对不起父母多年含
辛茹苦的付出。这样的"感恩"教育激发的不是孩子感恩的积
极情绪，而是大量的愧疚、亏欠、负罪感等负向情绪，给孩子
的自尊自信带来阴影，让他们害怕被评价为自私，无法提出自
己自然正常的需求。

那什么是真正的感恩？真正的感恩不是心理的压力，不是
建立在匮乏之上，而是孩子自然而然地对自己曾经或正拥有的
事物产生欣赏，是满足、幸福、愉悦和爱的体验，是建立在拥
有感、安全感、获得感的基础上，随之而来的是心理的放松。
启蒙哲学家约翰·洛克（John Locke）认为："感恩是精神上的
一种宝藏。"感恩之心最大的心理效果，就是让人们不去关注
自己缺什么，而是关注自己有什么；它是一种复杂的、优雅的
体验，而非一种技法，被感激之人也是不求回报的。

要帮助孩子拥有这样的心灵体验，我们所要做的首先是做
一个懂得感恩的父母，享受自己所拥有的，而不是总盯着自己
没有的。特雷萨修女说："别担心你的孩子不听你的，他们一
整天都在观察你。"我记得我家孩子在牙牙学语的时候，除了
"爸爸""妈妈"，会讲的第三个词就是"谢谢"，因为那时候
她帮忙拿个小东西或是做一件很小的事，我和老公都会和她说
谢谢，肯定她的行为给我们带来的美丽心情。

　　除了简单的"谢谢",当孩子的行为让我感到满意、高兴、欣慰等正向情绪时,P. E. T. 中的"肯定性"我信息也是我日常最喜欢用的一种沟通方式。**"肯定性"我信息由三个部分组成,即对方让你愉悦的行为 + 你的感受 + 对方行为对你具体明确的影响。**

　　比如:"你刚才自己画完画,把画笔洗好,放回原处,把颜料也收拾好了(具体的行为描述),妈妈看到了有点惊喜,看到东西都回到自己的家,感觉很清爽(你的感受),妈妈也不需要再另外花时间来收拾(行为对你具体明确的影响)。谢谢你!"

　　"刚才妈妈洗碗,你帮我把碗收到消毒柜(行为),让我感觉轻松很多,也节约了时间(影响),妈妈也感受到你的陪伴,很幸福(感受)。谢谢你!"

　　具体的行为描述是描述客观事实,而非评判,孩子可以从我们的描述中专注地品味从行为本身产生的幸福情绪以及与我们互动带来的爱的流动,而不会感觉到被操控,不会产生抗拒。我们表达的感受是当下真诚真实的情绪感受,而不是试图对孩子施加控制使其重复做出我们希望的行为,或试图改变孩子,和"你最乖了,肯定 5 分钟就能把饭吃完""你最听话了,肯定会按妈妈说的做吧""考 100 分了,太厉害了,好棒啊,下次还要更努力哦""你真是我的乖女儿"等这样带有评判和标签的隐形操控是截然不同的。通过评判的方式表达感谢或者称赞,不仅不能分享纯粹的喜悦，反而容易适得其反，沦为形式。比如，"太厉害了，好棒啊"后面隐含着"如果下次考不了100分，那就不棒，妈妈就不自豪"，"那下次我不给妈妈放碗筷，妈妈是不是就觉得我不乖、不棒、不孝顺了"。孩子一旦发现后面的操控意味，那些积极情绪就会彻底消失。

我们无须强求孩子感恩，孩子的天性中自然而然就有人类感恩的美德，加上我们以身作则，孩子能自然感受到他人的帮助和良善的意图，自然也就拥有感恩的品质。下面这篇记录，显示了日常生活中，我感受到"肯定性"我信息给我们一家带来的爱的流动。

感谢，是世界上最美的语言之一。清晨，我在瑜伽冥想，5岁多的大宝在隔壁房间，已经自己起床了，自己穿衣服，上厕所，刷牙洗脸，等我把冥想中获得的洞见和灵感记录下来，忙了一小会儿工作之后，她已经在自己吃饭，而且马上就要吃完了。我无比感叹，在送她上学的路上，由衷地和她说："宝贝，你今天早上自己起来穿衣刷牙洗脸吃饭，让妈妈能自己冥想一会儿，忙一会儿工作，妈妈今天早上好轻松，好开心。"

大宝说："我也好开心，妈妈。明天早上我还要这样，我们一直这样开心下去吧！明天我还要自己来！"

虽然和她表达的时候，只是纯粹地表达当下的感激，完全没有想要求她继续一直保持，也觉得这样美好的早上，有一次就很惊喜了。

　　第二天，依然，我冥想完，正准备去邀她起床，看到她已经穿好衣服，笑眯眯地在我后面看着我，用她的小手捧着自己剥的几十个瓜子仁，让我一口气放到嘴里，我嚼着，满嘴香气和幸福。我对她又发了一个"肯定性"我信息："谢谢你让妈妈有个女王时间，还剥了这么多瓜子给我吃，我觉得好幸福，真轻松。"大宝用小手捧起我的笑脸，亲了好几下，"妈妈，不用谢，平常都是你给我剥。"然后，大宝又说："妈妈，我想去做一会儿作业，昨天从幼儿园带回来的作业。"那是幼儿园第一次布置作业，也没要求交，出乎我意料，孩子居然很喜欢作业，昨晚觉都不舍得睡，要做作业，早上一起来，就迫不及待地又做起来。我说："哇，没想到你还很喜欢做这个作业呢！我们一起来看看有什么让你觉得有趣的。妈妈看到你喜欢学习，感到很安心。"孩子给了我一个灿烂的笑脸，眼睛都笑眯成了一条线。

　　放学回来，我刚好有些事情要忙，两娃一起玩得很开心，姐姐给弟弟讲故事，一起玩游戏，给弟弟装扮，我忙完，看着两个和谐的娃，不由地说："看到你们俩玩得这么开心，妈妈觉得好轻松、好幸福。谢谢你们让我能这么专心地完成工作。"

　　晚上吃晚餐，我们点亮烛光，双手合十，一起做餐前感恩："云里藏着雨，雨里藏着水，水里藏着小种子，种子里藏着光，天空上闪着星星，星星放着光明，请你闯进我心里。大地为我

们带来美味的食物，太阳让它成熟可口，亲爱的大地，亲爱的
太阳，我们感谢你的辛勤劳动，让我们拥有美味的食物。感谢
奶奶准备晚餐，感谢大家，大家请慢用。"

睡前，我对孩子们说："谢谢你们来到妈妈的生命里，我
好爱你们！"邀请他们回顾一下当天开心和值得感谢的事。我
也会和自己说，感谢自己努力完成了工作坊的工作，感谢老公
的支持和温暖，感谢婆婆做的美味食物，好梦！

除了"肯定性"我信息让我们在一个个当下看见美好、品
味美好，我们也可以通过事前感谢、事后回放、增进积极情绪。
积极心理学里有一个简单且被证实干预效果极佳的练习：每天记
录三件值得感恩的事情以及它们发生的原因，不一定是惊天动地
的事，比如"今天孩子主动给了我一个拥抱，因为我给了她陪
伴"，等等。仅仅是坚持记录 1 个月以上，就可以帮助我们刻意
练习感恩，更多关注自己有什么，而非没有什么，修正负面偏
好，降低抑郁焦虑，增加幸福感。我们可以邀请孩子一起来记
录三件好事，对于小一些的孩子，可以在晚餐或睡前一起回忆
今天发生了什么开心的事。刚开始，你可能会觉得找到 3 件开
心的事都不易，随着练习越来越熟练，你会发现，一口气说出
十几件开心的事都轻而易举。

当然你还可以做升级版，就是亲手写一封感恩的信，然后
拿着信去拜访想要感谢的人，当面读给他听，如果对方在远方，

你可以打一个感恩的电话。实践效果证实，即便你因为腼腆不好意思进行当面的感恩拜访，单是写完感恩信也能让你更幸福。我曾经鼓起勇气，给妈妈写了一封感恩信，细数了从小到大妈妈对我的关心和照料，妈妈收到我的信后，感动地流下了眼泪，说这封信给她带去很大的疗愈，她一直以为自己不是一个合格的妈妈，没有给我足够的关爱。当听到妈妈这样说，我自己心底也感觉像冰雪消融，化成了春日温暖的泉水。

如果你愿意，今天就开始记录你的三件好事，回放、分享并感恩，发"肯定性"我信息给家人，每天都有意识地体验幸福感，品味和享受积极情绪，让爱在家中流动。

✔ **三件好事小练习**   ◄   ◄◄◄ ▤▤▤

发现美好的事，今日三件好事：

1.

2.

3.

负向情绪是信使，不是魔鬼

　　前文提到了很多提升积极情绪的方式，也许你会问："我知道积极情绪好处良多，那是不是只能有积极情绪？负向情绪来了怎么办？负向情绪是不是不好的？是不是要压制住这些负向情绪？孩子发脾气了又怎么办？如何处理孩子的负向情绪？"生活中，积极和消极都必然存在。消极情绪和积极情绪不是非此即彼的关系，情绪没有好坏对错，存在即是道理。《积极情绪的力量》一书的作者心理学家芭芭拉·弗雷德里克森（Barbara Fredrickson）说道："也不要过度追求积极。生命是一艘船，积极情绪像船帆，消极情绪像船舵。比例超过13:1，船就没有了船舵，再积极的船也会漂浮不定，会让人觉得不可靠。"我们选择把关注点放在积极事件里，是因为我们觉得这很重要，但并不等同于我们只能且必须有积极情绪，如果变成必须，这就变成另一个让人痛苦、违背真相的执着。

　　每个人都有负向情绪，从诞生起，第一声啼哭就是负向情绪。小婴儿渴了、饿了、冷了、热了的时候，会有情绪，会哭闹求助；等到能爬会走了，搭乐高搭不成他想要的样子的时候，会沮丧、挫败；到了3岁，社交需求开始萌发，和同学之间闹不愉快的时候，会难过、郁闷；上了小学，有了课业的负担，达不到自己想要的分数的时候，会紧张、有压力……孩子的成长过程中会遇到很多烦恼，随之引发负向情绪。

如果给你一个神奇的按键，按下去之后，孩子的人生就再无烦忧，没有任何负向情绪，你会按吗？（你可以停下阅读，好好思考一下这个问题，想到自己的答案再往下看。）

在我的工作坊里，我问过数百位父母，他们大部分的答案都是不按。原因归结起来有以下两个：

其一，孩子的烦恼是成长中的必经之路，也是重要的有价值的生命元素。人生中，正是有了酸甜苦辣咸，方能品味和珍惜甜蜜与幸福，也才更有滋味，更丰富多彩。

其二，烦恼即菩提，每一个烦恼都是一个珍贵的礼物，那里预示着成长的机会。管理大师彼得·德鲁克（Peter F. Drucker）也说："一个人的发展，无法靠外力来完成，个人的成长必须从内在产生。"真正的成长，不是我们和孩子说"你要自信！你要成长！"，或者帮孩子把苦难都挡住，那样貌似掌控全局，却给孩子的成长按下了暂停键。孩子真正的成长需要他自己去经历一次次摔倒和失败，站起来，迈过去。正如美国心理学家M·斯考特·派克（M. Scott Peck）也曾说："我们不能剥夺另一个人从痛苦中受益的权利。"

那是否又意味着，我们应该多给孩子刻意制造一些挫折和困难，提高孩子所谓的挫商呢？人生已多风雨，是选择在孩子扬帆出行，小船遇到礁石，撞出破洞归港后，继续拿起锤头，再多敲几个洞，美其名曰"让他多多适应这些苦难"，还是当小船回到港湾，选择给予呵护和爱，修复破洞，让他可以继续扬帆远行呢？我选择后者。刻意制造困难又何尝不是因为父母自身不放心而制造的另一种掌控和插手呢？心理学证实，年幼的孩子因为重复的失败或惩罚而造成对现实的无望和无可奈何的行为、心理状态，会形成习得性无助，容易一蹶不振。

巴菲特在接受记者采访时，被问及 10 个通往成功的秘诀，他说的第 10 个，也是他觉得最重要的，正是父亲给他的无条件的爱。无条件的爱和溺爱绝不相同，正是这样的爱让他知道，不管发生什么，他永远有一个地方可以回去。当孩子情绪来了，我们首先要意识到这是一个带着爱陪伴孩子成长的机会和过程，和孩子一起打败困难，而不是和困难一起打败孩子。正如 P. E. T. 督导安心所言，"爱是最好的抗逆力"。

有些父母说："我当然爱我的孩子，可我给他讲道理，他听不进去，让他不要哭，他却越哭越凶，为了他好，他却觉得我不爱他，气得我不知如何是好！"很多时候，我们想给予的爱，孩子却接收不到，怎么办？

首先，我们要做的是承认并接纳孩子的情绪，与孩子同频，才能让孩子感受到我们之间爱的流动。要想发自内心地接纳，有效能地协助孩子从情绪中走出来，我们需要再多了解一下情绪。成人希望通过理智地讲道理让孩子停止哭闹，是受"理智战胜情感"这一观念的影响，认为用理智控制大脑，可以把情绪压下去。实际上，情绪越控制，越压抑，越失控。

从脑结构来说，这种控制和压抑是不可能的。大脑中的杏仁核（位于侧脑室下角前端上方的神经核团），是负责情绪的边缘系统的一部分，负责快速处理和表达情绪，承担报警任务，它会向每一个情景发出质疑："我讨厌他吗？""我害怕他吗？""他会伤害我吗？"一旦答案肯定，杏仁核就会"劫持"大脑，让我们没法做出全面理性的决策，不假思索做出冲动的行为。所以，杏仁核好比电脑安保系统，为了保护安全，优先级别比负责理智的脑区更高。安保系统发送信号，帮助避开可能会伤害我们的事情。"害怕"帮助我们避开危险，比如走到悬崖边时，你会进入紧绷应激状态，整个身体都绷得紧紧的，肌肉变得僵硬，眼睛会瞪得很大，抿着嘴唇，紧握拳头，肾上腺素上升，心跳加快，交感神经被刺激……我们处于紧张的防御状态，我们每一步都小心翼翼，谨防摔落；"愤怒"帮我们捍卫自己的界限，保护我们免受伤害；"忧伤"提醒我们内在某些部分不和谐了，让我们能有机会回归自己，疗愈伤痛，重拾力量。情绪是大自然为我们设计的生存机制，不管遇到险情，还是特别激动的事情，情绪这位信使都起到了协调我们行为和身心状态的作用。

科学家还发现，若大脑控制情绪的边缘系统受损，人虽然可以很清晰和符合逻辑地推理和思维，但却很难做出决定。人类在做出正常举动时，是综合运用了大脑情绪和逻辑两个部分。历史上有一个很有名的真实案例，一名 25 岁的美国铁路工人盖奇在一次意外中被铁棍穿透头颅，前额叶受损，失去了情绪感受，他从前是一个有能力、有效率、灵活、对人和气、彬彬有礼的领班，受伤后变得粗俗无礼、顽固任性、反复无常，无法计划安排自己要做的事情。他的朋友们说："他不再是盖奇了。"

情绪是信使，情绪不同于想法的相对稳定，往往时常变换，并和身体紧密联系。我们身体的感觉系统就像情绪流动的 3D 实时地图：上面既有随时等待喷发的愤怒火山，也有恐惧的冒险悬崖；既有蓝色的抑郁幽谷，也有温暖橘色的爱之花海；有时是厌恶压抑的黑森林，有时则是幸福、自豪的群山之巅，有时又是代表悲伤、焦虑、彷徨的无名谷底；有时是代表平静、不悲不喜的一汪静谧湖水，有时是代表忧伤的蓝色海底，有时又是沉重灰暗的羞愧或怒火中烧的妒忌。芬兰科学家通过收集 701 个被试者在经历某些情绪时的反应，统计超过 5 万真实有效的数据，绘制出了直观的情绪地图，发表在《美国科学院院刊》（PNAS）上。

研究人员发现，人处于不同的情绪时，胸部区域和头部区域的变化是最为明显的。科学家推测这一变化可能与呼吸、心率和面部表情的改变相关。在经历愤怒、开心、悲伤和绝望时，人体的上臂感觉会得到不同程度的激活或抑制，而恶心则会明显地引起消化系统的不适。由大脑安保系统杏仁核发出的情绪警告信号如果不被处理，系统就会越来越慢，甚至宕机，随之情绪会进入到更底层——生理层面，通过身体体现出来，大量的疾病都有心理的因素，比如眼干、头晕、肠胃疾病、癌症，等等。

当孩子在处理学习、与人沟通、独自探索时，既有理智在线，同时还有一个忠实的情绪信使，帮助孩子观察危险、释放信号、推动行动，永远忠心耿耿。有时，这个信使发送的信号超乎你意料的敏锐、刺耳、烦人，如果你能听懂它、接纳它，相信孩子本有的智慧，相信负向情绪终会转化成积极情绪，孩子终会带着自己的指南针，走出愤怒火山，迈向前方，去攀爬喜悦的高山。孩子通过这些信号也会获得一份珍贵的礼物，即学会悦纳自己的情绪："我拥有这些情绪，它们属于我，但并非全部，我是情绪的主人，它们不是洪水猛兽，我可以学习如何管理它们。"这将进一步协助孩子逐渐成为一个情感理智和谐一致，内通外顺、自尊自信、高情商的人。

认识到情绪没有好坏对错，是信使不是魔鬼后，让我们看看具体如何做，才能"听懂"孩子的情绪，协助孩子从负向情绪中走出来呢？为此，我想和你分享三个故事。

你说我听，协助孩子走出负向情绪

　　孩子在生活中会经历和朋友们的分分合合，吵吵闹闹，发生各种冲突和意外，所以情绪也常常因此上上下下。下面这个故事发生在我送女儿上幼儿园的路上。

　　4岁多的女儿和我说："妈妈，昨天在幼儿园我发现了一只很大很大的蚯蚓，很长的，是蚯蚓王，身子会拉长，像蛇一样，我觉得它很可爱，它会保护它的小蚯蚓。可是同学觉得很恶心，用树杈和铲子把它弄成一段一段的，还捣烂了，我觉得它好可怜啊！"

　　"好可怜哦，你好心疼那个蚯蚓，你觉得很可爱的蚯蚓王，还能保护小蚯蚓，却被同学弄成一节一节的。"我在前面骑着车，把她的小手拉过来，搂着我的腰。清风吹过，空气中有一丝凉意，也有一丝附近蛋糕店飘过来的香甜。我感觉到她的头靠在我背上，有些小忧伤。

　　女儿说："是啊，我觉得那个蚯蚓王很可爱的，胖胖的，它还可以给花朵松土。而且是我发现的，他却把它弄死了。"

我回应道："嗯，蚯蚓能松土，让小花长得更好，你觉得是你发现的，他没有经过你同意就把蚯蚓伤害了。"

女儿说："是啊，为什么觉得恶心就要把它弄死？他可以不看它，或者把它挪开。为什么要弄死它？好可怜啊！"

我回应："是啊，我也觉得很可怜。"

女儿说："妈妈，那蚯蚓王死了，它就去天堂了吧？"

7岁前的孩子还在梦幻期，所以我回应："嗯，身体还在，但是灵魂去了天堂。"

女儿继续追问："灵魂是什么？"

我一时语塞，如实说："妈妈也说不好，等你长大了就慢慢知道了。"

过了一会儿，孩子仰着脸，看着我，特别认真地说："妈妈，灵魂是不是就是我们心里面的爱？"

我的心为之一颤，不禁感叹孩子本我的智慧，想起曾看过经历生死之门的人的描述，想起万物一体，想起连接我们最底层的那个宇宙的能量，或许科学家一直无从破解的"灵魂"就是无条件的爱吧。当我们离开这个世界时，金钱、名利、地位，什么都带不走，唯一会眷恋的、带走的，是心底深处的爱，对他人的爱以及家人对我们的爱。爱一直都在。

我想这个答案真美，遂点点头："嗯，有一部分是的。蚯蚓王到了天堂，还会继续为天堂的蚯蚓天使和花朵们服务。"

女儿说："妈妈，其实当时我想找一根树枝和塑料袋，把它装进去放回土里，可是一下没找到，它就被弄死了，好可怜啊！"

我回应："嗯，你想过要保护它，但是慢了一步，没找到合适的工具，找不到塑料袋。"

女儿说："下次我再发现蚯蚓，就用小花朵或者小树叶托着它，也可以吧！"

我说："嗯，可以呢，或者都找不到，用小树枝把它挑到土里也可以的。"

借由积极倾听即时回应孩子在情绪里陈述的事实和感受，孩子对于同学的不满、死亡的恐惧得以诉说和化解，家长也得以窥见孩子的小小世界，如此真善美，这就足够了。

在上面的故事里，我运用积极倾听面对孩子的情绪，这也是近几十年心理学研究中验证的最高效的助人方式，如沟通之父托马斯·戈登（Thomas Gordon）博士在《P. E. T. 父母效能训练》中说道："当一个人能够感受到并且向另一个人表达真诚的接受时，他就拥有了成为另一个人强有力的帮助者的能力。他对另一人的接受，是建立一种关系的重要因素。在这种关系中，另一个人可以成长、发展，做出建设性的改变，学会解决问题，向着心理健康的方向前进，变得更有生产力和创造力，发挥全部的潜力。这是生命中的一个简单而美丽的命题：当一个人感到自己真正被另一个人接受时，他就会从此起步，开始思考自己希望做出什么改变，希望如何成长，怎样才能变得不同，如何才能发挥更大的潜能。"最有效能的父母在给孩子建议分析前，总会先给孩子一个机会，让他想出自己的解决办法。

掌握以下要点，有效地倾听孩子不再难：

（1）专注。和孩子保持平视，有适当的目光接触，全心全意地跟随孩子，而不是一边看手机一边听，和孩子保持很远的距离，或者像一座宝塔一样站立在他面前。

（2）带着同理心感受孩子的感受，就好像把脚放进孩子的鞋子里。孩子掉了一颗石头伤心，不是讲道理、分析、给建议、指责、命令，说什么"重新捡一个，石头不值钱，没什么好哭的"，而是去同理孩子的感受——此刻孩子掉了一颗石头就像你掉了钻戒一样难过，"石头掉了，好伤心"。也许你会发现，大人觉得不值钱的石头，在孩子心里，它却是自己挑选出的宝贝。也许他正被石头上的花纹吸引，也许他觉得石头的形状很特别。

（3）真诚。此刻真心实意地想要去帮助孩子，协助他释放情绪，相信孩子本我的智慧，在情绪下降后，能找到自己的解决办法。

（4）接纳。接纳孩子是和我们完全不一样的一个独立的个体，他可以有和我们不同的感受。

（5）用"嗯，啊，哦，然后呢"等来回应孩子。如果更进一步，可以回应孩子所说的**事实**和他的**感受**，让孩子感觉到连接，释放情绪，也就是 P. E. T. 中提到的积极倾听。

倾听孩子的重要性不容忽视。倾听孩子是了解孩子的重要一步，是建立你和孩子连接的关键。倾听孩子，能让孩子感受到你的关心、接纳和爱，让孩子的情绪得以流动，并使他学会承担自己的问题，激发他们自己寻求最佳解决办法的创造性潜力，使孩子的责任感得以提升，成为独立、自主、自我价值感高的人。

从父母的角度，倾听的重要性还在于：

（1）父母停止为孩子的问题去负责。

（2）父母对孩子的信任感在一次次倾听孩子、孩子自己找到解决方案的过程中得到提升，父母也更愿意放手让孩子去经历，哪怕是试错。

（3）父母对孩子的接纳度越大，帮助孩子的能力就越大。

（4）作为父母的效能提升。

（5）放下超人妈妈的重担，变得更加轻松。

（6）"爱出者爱返，福往者福来。"（汉·贾谊《新书》）当家长愿意去倾听孩子，孩子也更愿意倾听家长的担忧，成为一个更体贴的孩子。

倾听孩子情绪的『洋葱核』

倾听孩子,有时就像剥洋葱。随着情绪的释放、眼泪的掉落,一层层洋葱皮被剥落,"洋葱核"(即问题的本质)呈现于眼前,解决问题的方法也就自然浮现。几乎每个父母都会遇到孩子提出不想去上学、不想去上兴趣班的请求。大人往往着急地给出建议,进行说教、命令,甚至威胁、打骂,却无法知道和了解孩子不想上学、上课背后真实的原因,怎么办?我们需要的还是倾听,帮助孩子走出情绪,找到背后的根本原因,方能"对症下药",搬开阻碍孩子自立的绊脚石。

一个刚上一年级的 7 岁小女孩,开学半个多月以来,经常啃手指,情绪焦虑,每天都不愿意进教室。有一天妈妈刚把她送进学校,她就从教室里跑出来,大哭:"我不上学,我要妈妈!"妈妈特别无奈,情急之下,打了孩子,怒吼着:"你是不是要把我气死?把我气死了,你才进教室!"妈妈狠了狠心,离开了学校,但后来听说孩子在学校保安和老师的各种劝阻下还是不愿意回教室，心里又无奈又愧疚，于是请我去帮忙。我挨着孩子坐下，孩子已经声嘶力竭地哭了半小时，喃喃地说："妈妈，我要妈妈！"

我抚摸着孩子的背，带着真诚和接纳，同理她的感受，倾听了一会儿她的喃喃自语。"你很想妈妈在这里陪着你，你害怕！"我回应着。大约 10 分钟以后，我听到了她不想上学的"洋葱核"。

"每天别的小朋友放学就可以回家和妈妈在一起，我还要去上补习班。每天都是保姆送，我也好想像其他小朋友一样，有妈妈送。妈妈也好累的，爸爸每天回来就是在沙发上看手机，妈妈还要照顾妹妹。××老师好凶，好吓人……"慢慢地，说着说着，感觉她松了一大口气，情绪释放和疏解了，也停止了哭泣，小身子明显松了下来，不再抗拒，平静地跟着老师去上课了。

我把孩子的话告诉了她妈妈，这位妈妈听到孩子对她的理解很感动，同时也意识到自己让孩子背负了很多自己的情绪。她告诉我："我平时带两个孩子很累，还要做家务，忍不住的时候就责怪老公太懒！我们经常吵架！"次日下午，这位妈妈和我说："闹了半个月不上学的娃，今天上学了，情绪非常好，一点都没有闹，我的心情也跟着特别好！感觉轻松多了。"后来，她调整了孩子的托管班，让保姆帮忙带二宝，自己去接大宝，周末带着孩子度过久违的亲子时光，和老公保持积极沟通，大宝也变得更独立了。

孩子不想去上学、不想上兴趣班的原因还有很多，五花八门，这些年我倾听出来的有：

"换了个教跳舞的老师，这个老师好凶！"

"今天没有穿长裙，其他小朋友都穿了，约定好了一起穿。"

"没睡饱。"

"我不想去跳舞了，因为我的两个好朋友她们觉得累不想去了，喊我也不要去了。"

"和好朋友闹别扭了。"

甚至还有"老师把头发剪了，不美了。"

各式各样，基本倾听完，孩子情绪过了，找到了解决方案，也就平稳地去上学了。

当然也有倾听完，孩子决定不去上学的。一位 P. E. T. 学员很苦恼地找到我问："我的孩子都闹了一个月不想上幼儿园了，你说咋办呢？"我鼓励她试试才学到的倾听，听听孩子不想上学背后的原因。结果倾听了一番，不想上学背后的原因出乎意料，孩子说："这段时间都是在其他小朋友家玩，好久没玩自己的玩具了，不想上幼儿园，想在家里玩自己的玩具。"这位妈妈是个大学老师，那天刚好不用坐班，可以在家里陪伴孩子，就给孩子请了假，让他开心地在家里玩了半天自己的玩具，结果孩子下午就去上学了，之后再也没提不上学的事了。

当然，同样的情况，也许在你家是不能接受不上学的，你也可以如实地和孩子沟通，用双赢的冲突解决办法找到适合你们家的解决方案。也许是把玩具带着，在上学路上玩一会儿，或是早点接他放学，在家多玩会儿自己的玩具等等。最适合的方案往往都在你和孩子心中，坦诚沟通后，孩子自己想出来的、满足你们双方需求的才是最优解。

当我们倾听时，孩子（被倾听者）是主角，我们通过用耳朵听、眼睛看、用心感受来传递同理心。听的当下，眼里要只有被情绪卡住的孩子，只听得到他，完全跟随他，把心里的评判按下暂停键，处在专注的无我的状态，"你愿意说多少，我就听多少"。很多时候，积极倾听失败是因为用力过猛，父母带着很强的目的性，忘记了被倾听的孩子才是主角。心在而无为，适当的沉默，闭嘴，都好过丢绊脚石堵上孩子原本敞开的心门。有些时候，问题暂时无解也是正常不过的事情。

刚开始练习倾听，即便暂时不那么成功也很正常，失败也有其价值，反思整个过程可以帮助我们觉察自己的状态，在下一次做出不一样的选择。你每一次真诚以待对孩子都是一次滋养，这背后蕴含的看见就像一道光，能够照亮彼此。

✔ **倾听小练习**

留意观察孩子是否有向你发送负向情绪信号。他会以怎样的方式发送信号？比如哭、皱眉、直接和你说？如果有，尝试对孩子进行一次积极倾听，并记录下整个过程。

孩子描述的事实：

孩子当时的情绪感受：

你是如何倾听的：

孩子的回应如何：

有时候，积极倾听失败了，可以试着加上游戏力和隐喻，把情绪具像化、生动化，加强化解情绪的力量。

孩子的成长过程中，会遇到很多新的挑战。初遇挑战，难免紧张、慌乱、害怕、不自信，当他们学会化解这部分情绪，就能迎难而上，收获一份勇气和成长，心理韧性也得以锻炼。以下这个故事发生在女儿二年级，第一次上台演讲前。孩子从美国当代艺术家贾斯培·琼斯画的《从零到九》中找到灵感，创作了主题为"趣味数学"的画作，入围了决赛，学校要求参赛者带着作品上台演讲。

女儿怯怯地说："啊？！要到哪儿演讲啊？"

我说："学校的大讲堂。"

女儿说："那不是会有很多很多老师和同学坐在下面？太可怕了，我不去，我不要去！"她认为那个大讲堂就像之前去看《天鹅湖》芭蕾舞剧的大舞台，台下乌泱泱地坐着上千名观众。

我倾听她的感受："你很害怕，有些紧张。"但同时惋惜地说道："决定放弃了？全班只有几个小朋友被选上，不去有些可惜啊！"

女儿一口回绝："妈妈，你别说了，我不去！"

我理解这份紧张，虽然我上台演讲过许多次，但当我每次在不熟悉的场合面对不熟悉的群体时，依然会紧张，甚至会声音颤抖。美国公众调查结果证实，大众最害怕的事情是公众演讲，其次才是死亡。就连被膜拜成演讲大神的罗永浩也说过："我宁愿少活几年，换少在台上讲一次。"我也见过演讲者临场退缩，放弃演讲。女儿面对新挑战需要空间，而我也不希望她轻言放弃，如果能让她怀揣着紧张去尝试一次，将对自信心大有裨益。如何能协助她准备好并愿意主动登台而不是被迫上场呢？

吃过晚饭，看到孩子刚看完动画片，心情愉悦，我知道，这时她没有被负向情绪卡住，理智在线，是教与学事半功倍的良机。于是，我展开了顾问法（如企业聘请的咨询顾问一样，用事实与数据和孩子分享自己的经验），把我缓解紧张的几个大招分享给她："上台会紧张很正常，就像原始人在狼群里一样，我们身体会开始有反应，比如肾上腺激素会开始分泌，会想逃跑，小动物还会颤动，比如说小兔子。我们的这些本能反应都是上万年前就从我们老祖宗那儿遗传下来的！那么，怎么做我们才能不那么紧张呢？我们可以提前到演讲的地方看看，想象眼睛是相机，咔咔咔把现场的环境用眼睛拍几张照，让自己熟悉环境，这样大脑接收到的信息就是：这是一个安全的地方。演讲的时候，可以看着那些会对你笑、朝你点头、有积极反应的人，而不是盯着那些低头或者摇头的人。你还可以想想平时那些开心的事……"

我还没说完，女儿就说："妈妈，你别说了！我不去！"我也只好谨遵顾问法"说一次就好，给予空间"的原则，等待转机。

直到离上台演讲只剩下两个晚上的时候，我收到老师的通知："后天就要上台演讲了，请小朋友们好好准备！"纠结着要不要和老师说弃权的我脑海中突然闪过一丝灵感，不如试试在倾听的基础上加上游戏力，以更具象化的方式来陪伴孩子走出负向情绪。于是，我决定带着爱再努力一下："我们来做一个游戏吧！"女儿饶有兴趣，好奇地看向我，点点头。我说："我们想象那个榻榻米就是你要演讲的舞台，你很害怕站上去。妈妈现在陪着你，以你想要的速度，很慢很慢地走过去，你想从多远走过去？"

女儿说："从最远的厨房吧台那儿。"

于是，我牵着她的手，并排站在吧台边，引导她用隐喻的方式说出情绪："想象一下你的害怕、紧张有多大，像什么。"

女儿回答："像一只泰坦巨龙那么大！它和四辆双层巴士一样长，有37米！它的心脏就和一辆巴士车一样大！"

我惊讶地说："哇！那么大，就像泰坦巨龙，那我们现在要向它靠近了，想象它就在那个讲台上。"

我抬起了脚，以近乎夸张的慢速，挪动了极小的一步，大致1分米。而她提起了脚尖，又慢慢地放下，只挪动了1厘米，然后又1厘米……"哦，原来要这么慢、这么小步，真的很怕呢！"我退回来，和她保持同步……感觉1分钟都迈不出1米。我没有评判，只是和她同步，感受她的紧张和害怕，我说："我继续陪着你，保持慢慢的速度走过去，一点点靠近。"

她却一下来了勇气，耸起的肩膀沉了下去，说："我要从旁边绕过去！用沙发做掩护！"她松开了我的手，跑到了左侧的沙发旁，绕到沙发后面，又从沙发上翻跃而下，跳到了榻榻米上。

我惊叹道："哇！怎么一下那么快就冲过去了！所以，你现在准备好演讲啦？那只泰坦巨龙现在有多大啦？"

她指着弟弟在地上用近百块积木和磁力贴排成的一只半米长的"巨龙"说："这么大！妈妈，我讲一个字，你就拆掉一块！"还可以这样玩！孩子的创造力让我惊叹不已，我不禁鼓起掌！她备受鼓舞，开始演讲："大家好！今天我给大家带来的是0~9，你们可以从我这幅画中找到0~9这9个数字吗？"她一边说，我一边和二宝快速地拆卸巨龙，同时扮演听演讲的观众，和她互动。"你们还可以找出其他的数学元素吗？"……

不知不觉，5分钟已经过去了，"巨龙"早就消失，回到了玩具箱里。我和二宝给姐姐"啪啪啪"地鼓起了掌，我抱着女儿说："不管你到时候讲得怎样，别人怎么看，你在妈妈心里都是第一名！你战胜了这条泰坦巨龙！"

女儿带着一丝迟疑说："妈妈，现在只有你和弟弟，所以我不怕，到时候人那么多，我还是会怕。一会儿爸爸回来，你和弟弟还有爸爸、奶奶一起听我再讲一遍，我要多练几次！"

临上台前一天，我问女儿："明天就要上台了，你还害怕吗？"

"怕，像阿根廷龙那么大！比泰坦巨龙还大！它有40多米长！"她说，"妈妈，你再陪我走一次。"这一次，她没有用龟速，反而迈着轻快的步子，笑眯眯地走向我们假设成讲台的飘窗。然后和我说："现在害怕只有小盗龙那么大了。""那它是什么颜色的？"我一边问，一边拿来她的恐龙盒。

她从玩具盒里选了一只掌心大小的黄色恐龙来代表她的恐惧，"这里没有小盗龙，我就用这个小恐龙来代表吧，现在只有这么小了。"

我说："那你可以带着这一点点小小的紧张和害怕一起上台吗？"

她说："当然可以！"于是，她拿着小小的黄色恐龙开始了她的演讲。这一次，我试着让挑战升级，扮演了一个捣蛋的听众，帮她预演了演讲中可能出现的意外情况，对于我的"挑刺""反馈""捣蛋",她一一接招……

演讲预演完毕,她把手中的小恐龙放进了盒子,告诉我:"妈妈,其实小恐龙是很可爱的一种恐龙,是恐龙里最小的一种,它长得很漂亮哦!"

次日,演讲日,一切进行得很顺利。我问她:"演讲的时候,小盗龙还在吗?"

她开心地回应我:"我快上台的时候,看到第一排有几个老师,有一个我觉得好像挺凶的,我的紧张就像一只小指头那么大的小蜘蛛,但是我讲的时候,你一直在我心里,我就一点都不紧张了,我看见的都是你的笑脸,感觉就是你陪着我一起走向讲台,我还把下面老师的脸全部想象成了你、爸爸、弟弟,有几个我们班的同学,挤眉弄眼的,我就换成了爷爷、奶奶、外公、外婆。然后,一下就讲完了。上台前,我还闭着眼睛,想着你们。"

她扬起头,看着我,自信地笑得很灿烂,就像一朵盛开的小百合。

我回应道:"我听着,心里好温暖啊!这就是开心金库,我平时会收集每天发生的开心的事情,上台前,就会想想我们在一起发生的开心的事情,状态就会好一些呢!妈妈真的好开心,为你骄傲!你带着紧张上台,没有放弃。"之后,我们又探讨了好一会儿如何让演讲更有吸引力,给听众带去收获……

那一天，我刚好也接到一个邀请，第二天要面对一些在教育行业十多年的大咖做一场重要分享，我很自然地就心生紧张，我说："我现在的害怕也像泰坦巨龙那么大呢。"

女儿抱着我，亲亲我的手，亲亲我的脸，"哦，你现在很紧张，很害怕。我陪你走一下。"她倾听着我，然后一只手牵着我的手，一只手紧紧搂着我的腰，问我："准备好了吗？"我做了两个深呼吸，感觉到泰坦巨龙在变小，她跟随着我的步调，陪着我，一步步慢慢走向我们假设的讲台——飘窗。在我试讲的时候，她给我竖起大拇指，在我讲完的时候，又给我大大的拥抱，还用美味的蜜饯犒赏我，说："妈妈，你讲得太好了！特别是你演的那一段，我好有感觉哦！我觉得你就是我心里的第一名！"

那一刻，我第一次如此清晰地感受和正视自己的紧张，孩子给予的爱变成了紫色莲花在心里绽放，而最后的一点紧张变成了一只蓝黄色的蜂鸟，扑闪着翅膀，在花间飞舞。我不再希望紧张全然消失，而是想带着这只美丽的蜂鸟走上讲台，心间是孩子的笑颜和她有力的拥抱，还有那小声但坚定不移的声音："即使有紧张，你依然是我最爱的人，我永远爱你，支持你。做你自己，相信你会找到自己的路！"

我深深感觉到了"爱出者爱返"，如同哈克在《陪着一颗心长大》里所写的：

拥抱孩子的时候，

把她当作小时候同样慌乱的自己，

如此一来，

也拥抱了自己的内在小孩。

当我陪伴着你的同时，

也似乎爱着自己心里的孩子。

亲爱的孩子，

我愿是暖暖的阳光，

陪着你长大；

亲爱的自己，

我愿能这样，

一次一次，

带自己回家，

越来越完整，

越来越有力量。

经历了那一次从不敢上台到自信完成演讲，孩子成长了很多。之后好几次，我出差去外地，她自己独立准备演讲，毫不怯场地站在有千人观众的大舞台上表演。成长，是我们和真实的世界、真实的他人、真实的自己不断交互，不断更新认知，直面挑战，坚定地向前。

当孩子情绪平静、愿意倾听时，你可以和孩子分享一些情绪管理方面的绘本，聊一聊如何面对喷火巨龙。也可以和孩子一起说说今天的心情，是什么事情让这些情绪产生，让孩子对自己的情绪更有觉知。在孩子负向情绪来的时候，停止说教，用心倾听，帮助孩子从知道到做到：

1. 意识到这是一个和孩子亲近、陪伴他成长的过程；
2. 承认并接纳孩子的情绪；
3. 允许孩子表达情绪，带着同理心和真诚接纳他的情绪，让他感觉有这样的情绪很正常。
4. 倾听孩子，协助孩子找到自己的解决办法。

当你能保持和谐一致的状态，不被孩子激发自己的负向情绪，不迷恋当解决问题的专家，也不沉迷于做孩子的拯救者，只是陪着孩子，与他平起平坐，静静地倾听他的生命故事，如一汪静静的湖水，稳稳地承接孩子情绪的浪潮，像一颗粗壮的大树，让孩子慌乱的心得以安靠，你就拥有了成为孩子情绪教练的能力，你也拥有了帮助孩子疗愈内心的能力。

做到以上，并不容易。很多妈妈和我说："我自己都情绪满满，哪有空间倾听孩子?!"那么，如何管理好自己的情绪，使其不伤害孩子、不伤害亲子关系呢? 是的，当我们自己有情绪的时候，很难去照顾孩子的情绪。这时候，我们需要先来照顾自己。要想知行合一，我们需要打通管理自己情绪的"任督二脉"。

管理愤怒，避免情绪失控

　　情绪是信使，提醒我们停下来看一看。如若情绪总被忽略，无法流动，客观存在的情绪就会被卡住。这样，我们不仅错失了一次认识自己、贴近自己的良机，还有可能积郁成怨，恼羞成怒，引出气急败坏的关系杀手——情绪位移。比如，在公司里，被上级要求做这做那，神经紧绷，压力山大；回到家，看到孩子把玩具和书摊了一地，你忍了，压下了你的疲惫；提醒孩子收拾，他却无动于衷，你忍了，压下了你的失望和无力；你在内心不断地对自己的情绪贴上"忍"字封条，但此刻的情绪就像高压锅里的气体，减压阀堵上了，导致气压不断攀升。于是在你说"十点了，该睡觉了"，孩子说"我还不想睡"时，你忍无可忍，一秒大爆发，内在被压抑的情绪突然抢过麦克风，河东狮吼，情绪位移发生，积怨成祸，引起大爆发，吓到孩子，破坏了彼此的关系。

　　情绪和情感是两位一体的。当我们无法和另一个人分享我们的无力、脆弱、孤独、沮丧、难过时，我们也就很难与他分享我们的开心、愉悦和幸福。没有情绪，也就没有情感体验和深入的关系。你很难对陌生人发火，因为互相之间没有情感，无所谓。你更容易对自己的孩子、亲人爆发情绪。因为，他们是你的重要他人，你们之间有极为珍贵的情感，他们让你感到安全，在他们面前你也最容易放下一切防备。越是亲密的人，我们越在乎，期待越高，也越容易把自己的感受和期待强加于他人，从而越界和互相伤害。可是，对最爱的他们发完飚，又会难以抑制地陷入自责、后悔和内疚，开启新一轮"忍术"，然后又进入情绪位移，如此反复。

要停止气急大吼、吼完又悔的无限循环，成为一个内通外顺、高情商的人，我们需要看见和接纳自己的情绪，代替打压、控制。情绪失控，多是下意识反应的快速爆发，而处理紧急情绪的方式就是先慢下来，做几个深呼吸。看见情绪来了，命名它——"这是难过""这是委屈"，或"这是愤怒"。懂得情绪，了解情绪，也让对方了解此刻自己的情绪，有建设性地保护自己的界限，为自己的情绪负起责任。不用愤怒去让对方屈服，和不敢愤怒、把自己憋成内伤是两码事。"我很生气"和"我知道我现在正在生气"，也是两个完全不同的概念。让情绪流经你，而不是一次次压下去，最后变成一块大石头堵在心口。我们为自己的需求负责，倾听和连接自己的感受是维护自己界限的方式。要记住，最初的、内外一致的感受表达出来不伤人，压抑的情绪爆发时才伤人。

你还可以从下面所列选一种或多种方式来帮助自己平复。

（1）一边深呼吸，一边觉察：深呼吸 10 次，意识到自己有了情绪。和自己说，这很有意思，有些东西正在发生，每件事都有它的正向意义，欢迎它。也可以训练自己做一个动作，握拳再松开，重复几次，或者是慢慢地喝几口水。伴随呼吸或动作，回到自己的中心，带着觉知慢下来，打开自己，放下对自己的评判，接纳自己，从而有空间接纳发生的事和对面的人。

（2）打听身体，进而倾听和接纳自己的情绪：一边深呼吸，一边留意身体哪些部位有紧绷，听听不适之处要给自己传递什么样的讯息，混乱背后，有些什么。闭上眼睛，感受和想象不适后面的情绪是什么颜色，有多大，什么形状，想让我做什么，而我不想它去做什么。如果你感觉到的情绪是委屈和难过，你可以对自己说："我现在很难过，很委屈。因为我说了几遍，他都不理我，在我说第 5 次的时候，他还对我大喊大叫。"不评判地让内在的声音都畅快地冒一冒，在压力中退后一步，把激活的部分（过去被切断连接、压抑、转移、忽略的部分）打开，看看背后有什么，看看内心的这些波涛汹涌，也可以把自己的情绪和想要做的事情写下来或者画出来。

（3）当情绪慢慢平复下来，可以问问自己：是什么导致了这次情绪爆发？我为什么不开心？我有什么需求没有得到满足？最糟糕的后果是什么？发生的概率有多少？最可能的结果是什么？这个想法有没有事实依据？我有没有过度放大我的焦虑？

人的焦虑程度通常与事情的危险程度相匹配。老虎来了，会吃人，非常危险；狐狸来了，会吃你家的鸡，使你遭受财产损失；野猫来了，偷你家的鱼，也会遭受一点财产损失。面对这三种不同风险的危险，与之相匹配的焦虑水平是：对老虎产生的焦虑最多，狐狸次之，野猫最少。觉察一下自己是否加入了一些受害者剧情，把本该对付老虎的焦虑用来面对野猫。当焦虑强度远远大于现实威胁，往往会导致精神痛苦和自我效能下降，身体反应过激，无法应对，焦虑并不会随着问题的解决而消失。反之，当我们经过审视，接纳了当下的焦虑，看到焦虑的根源，发现面前的问题只是野猫，那么问问自己，可以做些什么来让自己减少焦虑：

a. 我可以再去买条鱼。

b. 我可以把野猫跑进来的地方堵上。

c. 我可以在门外放点猫粮。

然后付诸行动，做了我们能做的、能改变的，焦虑也就消散了。

（4）寻求身边人的帮助：我的朋友、家人，谁可以帮助我，找一个人倾诉自己的不爽。告诉他："我只想你能倾听我，不需要给我建议和安慰。"倾诉完之后表达感谢。

（5）用其他方式来改写情绪（看美好回忆的照片、喜爱的文具，情绪改写"提醒物"：比如你的积极档案）。

（6）调整身体姿势，从蜷缩到舒展，脊柱挺直，打开身体，两手向上伸展成一个 V 字，就像胜利者冲过终点时的动作。

（7）用"面质性"我信息和对方真诚地敞开自己，即描述对方让你不接纳的客观具体的行为＋对你具体明确的影响＋你的内外一致最初的感受，有建设性地维护自己的界限，代替伤人的指责和贬低性言语，把给对方造成的伤害降到最低。

（8）如果以上都做不到，也可以和孩子说："我怕我要爆炸，吓到你，我先去冷静一下。"然后，暂时离开现场。

当我们成长为有力量的自己，也就滋生出力量为孩子创造一个安全的港湾。在他咆哮、暴躁的时候，我们不感到惊吓，而是看到一个受伤的小孩。在你这里，他可以释放他的恐惧、害怕、不满、焦虑、紧张，从而被温暖，重新将爱箱灌满，回归自己，获得力量，继续前行。

✔ **管理愤怒小练习**　　　　◀　◀◀◀ ▧▧▧

从上述方法中，选出 3 个你决定用来处理下一次愤怒的方法。

1.

2.

3.

记录下最近一次让你感到愤怒的事件。对方说了什么，做
了什么；回想一下你在愤怒这一刻来临前，还经历了其他什么
感受；你当时如何处理的，是否有如实表达自己最初的感受和
想法。尝试用自己选择的一种愤怒管理法来探索你的愤怒，并
写下你感受到的。

以后再遇到类似情形，你会如何调整你的回应方式？

平息紧张，和心中的喷火巨龙握手言和

　　女儿上一年级时，有一天晚上我陪她做作业做到 9 点多，带她来来回回读了 20 来遍数学儿歌，结果还是会背错。想到她第二天还要考试，我不自觉地开始着急，同时我还要抱着二宝，又累又乏，还焦虑着未完成的工作，又担心两娃不能按时睡觉……我的内心就像有一只喷火巨龙，不断地吞吐火焰，满脸写着"不耐烦"。我开始河东狮吼："平时三四遍不就会背了么？今天怎么回事！"孩子感受到了我的"杀气"，战战兢兢地说："我不想背了，我想去看动画片……"

　　我心里咯噔了一下，尝试着用"面质性"我信息和她表达，也给自己降降火："妈妈很着急（我的感受），现在都 9 点半了，你和弟弟还不能睡觉，我也不能睡觉，我明天要讲课，还没有备课（对我的影响）。"这样一表达，我发现我把对自己的不满意，投射到了孩子身上。投射是一种心理防御机制，过

程如同投影仪把图像投射到屏幕上一样，人们会下意识把自己
的感觉、缺点和情绪失控的冲动投射到别人身上，因为潜意识
里，我们更希望看到自己的好而非不好，所以通过投射到他人
身上来过滤消极、放大积极。就如我不满意自己不能早早完成
工作、早点休息，就把不良情绪投射到孩子身上。

听我这么一说，女儿懊恼地说："妈妈，其实我也很想能
快点背好呀，我也在努力，可就是背不下来。妈妈，我是不是
很笨？"她这话一出，我的头脑中第一秒冒出一个嘲笑的声音：
"她太不自信了，你这个妈怎么当的？"我不能接受孩子的自信
不堪一击，就如我不能接受自己不自信。深呼吸几口气，我开
始特别心疼女儿，刚上小学的这一个多月，新环境、新挑战接
踵而至，压力着实不小：零起步的她入学前没有学过一个字，
而大部分同班同学都已经认得几百个字；老师每天在课堂上会
设置奖励，别人能得到她却得不到；她也想要尽快融入新集体，
获得认可。我想起自己刚刚入职新公司时的紧张和压力感，面
对新环境，人都会有一个从不自信到慢慢熟悉后比较自信的
过程。

这样的感同身受让我看到了眼前的这个小人儿，看到了她
的不易，我开始卸下内心巨龙坚硬的盔甲，内在柔软的部分被
触动。我说，"其实，妈妈也不是真的想责怪你啊，妈妈有自
己的情绪需要处理：傍晚听到你的同学那么难的题都可以对答

如流，我开始有了比较和压力，担心你明天的考试，如果你考得不是很理想，老师会不会有比较，别的同学都考很好，你的分数要是不理想，你会不会有很大的压力。虽然不管你考多少分，我们对你的爱都不会有一丝一毫的变化。"

没想到她想都没想，很镇定地给我回了一句："我不会啊！"我这才意识到，我把自己之前看到她同学表现后在对比之下产生的压力投射到孩子身上了；同时，我也越界了，把自己的紧张压力当成了她的；还把老师和其他家长说的"孩子考不好会被老师区别对待、被团体排斥，孩子自己会自卑"这些剧情自己预演了一遍。昨天晚上，我睡觉的时候都感觉身体是很紧绷的，睡得迷迷糊糊的时候梦到小时候，有一次因为漏题被扣了 20 分，向来都考 98 以上的我第一次得了 70 多分，老师要求叫家长，我和邻居的小孩非常紧张，紧张得感觉要窒息了一样，我们在家楼下商量该怎么办，如何应付老师要叫家长这个事情；还梦到了有一次考得很糟糕，唯一一次被老师体罚。我才再次意识到，自己对老师的那种紧张已经累积了十多年。我把自己的紧张、焦虑、害怕投射到了孩子身上，把我的感受当成了她的感受。当她不能够完成既定的要求时，而别人家孩子却完成了，这种对比带来的焦虑让我秒变后妈，喷火巨龙变得越来越大，喷出的火焰就快要吞没我自己和对面的小人儿。

随后在她收拾书包洗漱的时候，我看到我的头脑还在喋

喋不休地冒出好多弹幕："我不是一个好妈妈，我不能够赚很
多的钱，让她去读我们都喜欢的私立小学，把她放在这种环
境下，给她这么多压力和规条，创造力会不会受影响……"
诸如此类的对自己的很多评判。内心的喷火巨龙又开始蹦跶，
吞吐着火焰，但是比之前小了一些，我试着停止评判，只是
去看，去听，去接纳。

睡前，陪着她的时候，我决定还是要直视自己的愧疚感，
和孩子如实表达我的感受，这次，我选择不逃。"对不起，宝
贝，我很内疚，我很自责，没有办法送你去我们都很喜欢的
那所小学。"随后，我跟她说明了我们家的经济情况以及她喜
欢的学校离我们家和爸爸公司距离很远，我们现在只能尽力
让她和弟弟在幼儿园阶段接受比较认可的教育。我不确定我
说的她能否明白。

但出乎我意料的是，当我真实地和她敞开这个部分时，她
把我紧紧地抱着，我们俩依偎在床上，额头碰着额头，心和心
贴着，她吻了我的额头、我的脸，吻了十几下。然后，她捧着
我的脸，跟我说："妈妈，不是你的错。你是世界上最好最棒
的妈妈，我最爱你了，你是学了 P. E. T. 的温柔的妈妈。"

我的眼泪流了下来，说："妈妈刚刚才凶了你啊，妈妈也
有很生气的时候。"

孩子说："妈妈，我也会有生气的时候啊，我也会有对你

很凶的时候啊，我知道这些都是情绪，我们都会有有情绪的时候。"

孩子的话就像一道疗愈的光，安抚着我内心的喷火巨龙，让我对巨龙有了更多的接纳，也让巨龙镇定下来；慢慢地，巨龙逐渐变小，也变得沉静，变成了一只快乐的宠物小恐龙，不再是庞然大物。那些来自外在的"你不够好"的声音，那些对老师的、对权威的、对长辈的紧张恐惧被释放，被清理，被整理，我感到了一股稳定的力量从内在升起，让我可以在下一次遇到类似情景的时候，坚定地把那些障碍和在我们关系之中撕扯出大口子的弹幕和火焰挡出去！敢于让孩子看到真实的自己，也让自己看到真实的自己。我们就这样敞开着，说着，抱着，搂着，亲着，品味着暴风雨后的彩虹，看着她甜甜地进入梦乡。

当我试着放下"不好"的评判，认识到情绪没有好坏对错，只有背后未被满足的需求或积压的感受，需要被看见、被接纳和流淌时，我开始对情绪说"是"，内心变得平静，开始有了喜悦和爱的流动，有了空间接纳他人的愤怒和情绪，和他人之间健康的界限在逐步建立，孩子也开始对情绪说"是"。

和他人袒露自己的脆弱需要勇气，内心要有足够的安全感才能做到。这些年，当我像贝壳一样鼓起勇气打开自己坚硬的壳，祖露出脆弱的内在、孤独和无助时，我都收到了对方尤其是孩子满满的理解、满满的爱和更深的连接。内外一致的表达，可以激发双方的正面感受，让彼此的自我价值感都得到提升，真实的敞开也会让关系更加健康。

每一次表达都是一次新的尝试，去连接彼此，从想要被认可转到被了解。因为想要被他人认可，希望对方夸赞自己是个好父母、好伴侣、好人的时候，我们处在一个紧缩的状态，觉得自己不够好，需要不断向对方求证。而如果仅仅是被了解，我分享我的观点、看法、感受和价值观，你可以有共鸣，也可以有不同的感受和看法，我们彼此是独立的不同的个体，如此我们在关系中就会觉得轻松很多。试着被了解而不是被认可，活出真实、独立、鲜活的不一样的自己。哪怕身边的人暂时都不理解你，你还可以有你自己疼爱自己。同时，你散发出爱、欣赏、感恩、勇气和真实的频率，终会有同频之人懂你。

孩子比我们想象中强大。当我们愿意去沟通、连接、认识真实的自己，去探究"我是怎么了"时，孩子远不像我们想的那么脆弱。他们会看到温柔的妈妈，也会看到生气的妈妈，我们不用做完美的妈妈，做真实的妈妈就足够了。这样，他们能体验到更完整的经历，也能去成为一个完整的人。

生命很美，有无限的可能性，让我们更大地打开自己，通透清明地去体验生命，鲜活地绽放生命！

✔ **觉察小练习**

　　读完这一章节，你有什么新发现？想到什么？感受到什么？有什么触动或者想要去做的吗？有哪些部分，你会忍不住想要慢下来多读几遍，或者让你想起了自己的某些经历？请你把它们一一记录下来，在接下来的一周里，给自己注入新的能量，行动起来吧！

　　新发现？

　　想到什么？

　　感受到什么？有什么触动？

在接下来一周，你有哪些想要去完成的？

每一章节结束，都可以用这个练习来觉察和复盘。

养育
幸福
小孩

第二章

幸福
关系

人的一切烦恼皆来自人际关系，同时，绝大部分幸福也来自人际关系。在一次积极心理学创始人之一彼德森教授的演讲中，一位老人颤巍巍地站起来发问："教授，你讲的东西太多了，我记不清楚，你能够用一句话告诉我，积极心理学是什么吗？"彼德森教授也仅仅回答了一句话："他人很重要。"人际关系直通生命的本质，是幸福之门的钥匙。哈佛大学历时 75 年的成人发展研究证实，真正能让人更加快乐和健康的，不是财富、名望、更加努力工作，而是良好的人际关系。真正有影响的不是你有多少关系，而是这些人际关系的质量。

划清界限，才能好好爱

没有界限分化的人际关系往往让人觉得沉重、复杂，甚至窒息，而有界限的人际关系则能让人感觉简单、清明和美好。

人际关系的界限是指人与人之间不同所有权的分界，因而界限的核心是界定清楚哪些是他人的事，哪些是自己的事。没有界限的父母会把自己的感受当成孩子的感受，把自己的想法当成孩子的想法，强加给孩子，总是干涉孩子的想法，否定对方的感受。比如"我觉得冷，所以你也会很冷的""我不开心，所以你也不能开心""我觉得你该结婚了，你就要结婚"。没有界限的父母对自己的内在冲突缺乏觉知，司空见惯，理直气壮地越界，把自己内在的冲突投射给孩子，从而有了不肯退场的父母和不敢独立的孩子，这种情况往往变成两败俱伤的拉锯战。胡因梦曾说："太周到和太疏离的母亲都会让孩子受不了。"有界限的父母对自己是谁有清楚的认知，知道自己此刻有怎样的情绪，要如何建设性地为自己的情绪负责，有抉择的能力，会维护自己的界限，知道自己该负什么责任。如此养育，孩子也会成为界限清晰的人，能找到资源，有选择地做决定，有自主能力。

界限的存在，不是让我们在人际关系中生硬地划分出一条没有温度的楚河汉界，而是基于尊重对方的想法和感受，规避一些不必要的麻烦；是忠于彼此内心的真实，更好地享受当下，划清界限，才能好好爱。

戈登博士在 P. E. T 父母效能训练中的行为窗口用简单的模型清晰地道出和谐人际关系的定律（见图 2）。

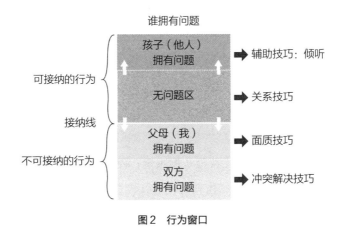

图 2　行为窗口

戈登博士隐喻我们每个人内心都有一个窗口，当我们透过这个窗口，面对所有人际关系中的种种行为时，首先要具备一项本领——正确地界定界限，界定问题归属，即清楚哪些是他人的事，哪些是自己的事。而界定的准则就是那个当下，谁有负向情绪了，被困扰了，谁就是问题的主人，谁就处在问题区，谁就拥有问题的主权，并要为之负责。拥有负向情绪的一方可能是因为有未被满足的需求，也可能是因为想改变对方的想法或价值观。

换言之，要清晰此刻谁拥有问题就要界定孩子的某种行为是困扰到孩子自身了、还是困扰到父母了，又或是困扰到你们双方了，相对应的，分别是孩子拥有问题、父母拥有问题、双方拥有问题。如果双方都没有被困扰，就处在无问题区。比如孩子和同学闹矛盾，不开心了，就是孩子拥有问题；孩子 10 点还没睡，妈妈不开心，很着急，就是妈妈拥有问题；父母希望孩子写作业，而孩子坚持要打游戏，双方都不开心，此时就是双方拥有问题。

当孩子的行为没有让我们不开心，就属于我们可以接纳的行为，此时当孩子有了情绪、拥有问题时，我们不用建议、分析、命令、威胁或是代替孩子做决定，而要用倾听的方式辅助孩子走出问题区，自己找到解决方法，这就是不越孩子的界。当孩子的行为让我们有情绪了，就属于我们不可接纳的行为，我们通过"面质性"我信息表达和自我调整来为自己的问题负责，就是维护自己的界限。如果问题困扰到了双方，双方都不开心了，双方的需求受到了阻碍，我们可以运用双赢的冲突解决技巧，倾听对方也表达自己，让双方情绪降温，找到满足双方需求的解决办法，重回无问题区，你开心，我也开心，这样我们的人际关系就有了更多无问题区，更多积极时刻，人际关系的品质也能得以提升。

✔ 行为窗口小练习

思考一下，以下几种情况分别对应行为窗口中的哪个区域？

1. 老婆一边拖地，一边看着坐在沙发上玩手机的老公，很生气。

2. 孩子打针时大哭。

3. 孩子和妈妈一起读绘本。

4. 孩子和妈妈因为晚上吃什么起了争执。

撕下标签，
从疏远走向连接

疾行的火车上，一个 24 岁左右的男生，望着窗外，喊道："爸，你看大树都在往后走！"父亲微笑着看着他。坐在他们旁边的一对情侣同情地看着这个孩子气的男生。

忽然，这个男生又喊道："爸，你看，云在跟着我们跑！"

那对情侣忍不住了，对那个父亲说："为什么您不带孩子去医院看看病呢？"

那个父亲笑着说："我去了，我们刚从医院回来。我儿子生下来就看不见，今天是他看见这个世界的第一天。"

这是一位名叫 Akhil Gopal 的作者在 Quora 网站上写的故事。这个故事告诉我们，生活中如果我们能够放下评判，带着好奇，就会像故事中的孩子第一天看到世界那样充满欣喜。

不加评判地客观描述行为，对生命说是，这是我在多年践行 P. E. T. 过程中最大的收获之一。行为是行为窗口的关键词之一，指的是录像机可以如实如是录下来的客观事实，和评判性的标签不同。不论是"肯定性"我信息表达，还是"面质性"我信息表达，第一部分都是描述客观的行为，而非评判和贴标签。当我们能放下评判，方能真正地倾听孩子，走进他的内心，连接其深层的渴望；当我们能放下评判，方能看到事物的本质，具体清晰地表达沟通。然而生活中，我们很容易忘记这简单的一点，因为拿起评判指责的利器，站在道德的制高点，以此证明"我才是对的，你是错的"是我们熟悉的自动化应对模式。

比如，拥挤的公交车上，司机一个急刹，站在前面的女士一个趔趄，高跟鞋尖踩在后面男士的脚上。剧痛引发怒火，男士气鼓鼓地咆哮："你没长眼睛啊！"对方一听，立马像刺猬一样，竖起全身的刺备战反击："你有本事自己开车啊！谁让你把脚放我脚底下！你才没长眼睛！"两个人就干起架来了，一顿争吵让一整天的好心情尽失。如果男士放下评判，只是客观地描述："你踩到我的脚了，好痛。"通常，对方也会带着歉意地回应："对不起啊！"一笑泯恩仇。

密闭的餐厅里，几位邻座的男士，拿出香烟吞云吐雾，你和孩子都感觉很难闻，不想受二手烟侵害，你是会和伴侣吐槽："这些人太没有素质了！"还是会选择鼓起勇气沟通一下，恰当地用"面质性"我信息说"不"："我的孩子肺部比较敏感，闻到烟味就开始咳，我闻到也感觉嗓子不舒服。"

6 年前的我，常常选择前者。现在，我选择放下评判，为自己的需求负责任，"不好意思，我孩子的肺部比较敏感，我很担心他的哮喘又犯……"每次我话还没说完，对方基本都是略带歉意地掐了烟，或者移步到室外，完全没有想象中的怒气冲冲，即便是陌生人，我们也感受到彼此的善意，他们的调整也让我充满感激。

我们对孩子的怒火，很多时候都源于对孩子的评判和贴标签。当我们给孩子贴上"懒""坏脾气""拖延症""急性子""调皮""娇气"等标签的时候，我们也就无法看到孩子本身，以及他们行为背后的需求。有些标签很隐蔽，很容易就被贴出去，我们需要多一分觉察。

有阵子，我家两个孩子起冲突的时候，家里大人们总会说："你能不能不要那么凶！够了！至于嘛！"心里其实藏着一个评判："脾气也太臭了吧！"

二宝抢大宝的玩具，抓了大宝的脸，大宝咆哮如雷："你干什么！能不能管好你的小手！"二宝随即大哭。婆婆说："你不要那么凶！脾气怎么那么大？让弟弟一下嘛！"

大宝躲在角落玩她新收到的工程车，被二宝看见，大宝火速躲闪，大声说："你不要跟着我！走开！"随即狠狠地关上房门，嘭！老公说："你怎么那么凶！就不能让一下弟弟吗？"大宝满脸不爽，眼泪在眼眶里打转，说："我不想和你说话！这是我们两个人之间的事，你可不可以不要管！"

直到有一天，我也心情不快，声音很大地和老公说了一句，老公大声"回敬"我："不要那么凶！"我顿时觉得心里堵得慌，我也顶回去："你也不要那么凶！你不能让我一下嘛！"

"凶""让一下！"又冒出来了。每个人听到这句，都不舒服，但是又都重复向对方说着一样的话。我突然意识到大声是情绪的一个代码，告诉自己和对方"我不爽了"，和"该不该"无关，真相是情绪已经在那儿了。

好在只要想调整，我们总有机会重新尝试。又一次，大宝因二宝抢玩具、被二宝抓，怒吼："能不能管好你的小手！"我说："弟弟抓了你，你很痛。"

大宝泪汪汪地看向我，"嗯！妈妈你给我吹吹。"

过了一会儿，二宝又上手了，我听见大宝柔声细语地说："你打姐姐，姐姐痛，你可以这样轻轻摸。你想玩汽车，但这个是我的，那个是你的，我可以给你画小汽车，你想画也可以画在这儿，我们一人一张纸。"两个人就开始亲昵地在一起画车子。生命的本质是被看见。情绪和需要一旦被看见，彼此就能感受到流动的爱和美好。

在我的工作坊，有一位妈妈说因为孩子写作业拖拉，自己感到特别头疼。我们用慢镜头的方式和她一起看了看"拖拉"这个标签对应着怎样的行为：6岁的孩子，刚上一年级，用15

分钟的时间完成了 100 道数学口算题，然后玩了 5 分钟，摸了摸橡皮擦，吃了几口水果，开始第二项作业。当妈妈描述出如上行为时，我们都觉得孩子的速度真不慢。但是妈妈觉得孩子应该在 10 分钟内完成 100 道题后，再马不停蹄地开始下一项作业，全部完成才能休息，否则就是"拖拉"。在工作坊的演练中，我请另一位伙伴来扮演她，让她本人扮演孩子去感受孩子一天的节奏：回到家后，听到伙伴扮演的"妈妈"复述了自己平时会对孩子说的话，她感到很烦躁，"越说我越不想写！她根本不信任我，我都那么努力了！"第二天，这位妈妈给我发来短信说："当我把心态放平，看到了孩子行为本身，今天早上孩子愉快地把作业做完了，我也没发脾气，她也顺顺畅畅的。"

每一次沟通前，先想想我们沟通的目的是什么？为了连接，还是为了疏远或分离？撕下标签，放下评判，是建立连接、给予爱至关重要的一步。美国知名人际关系专家芭芭拉·安吉利思（Barbara De Angelis）在《爱是一切的答案》中说道："在所有的人际交往中，若我们选择将连接视为唯一目标，无论我们与谁在一起，都可以开始建立积极的关系，因为我们已做出选择，选择给予爱。"于人于己皆如是，放下评判，撕掉给自己贴的"很笨、很傻、很怂、不够好"的标签，从战战兢兢中走出来，停止对自己的苛责，也是放过自己、和自己建立连接、爱自己的重要一步。

✔ 表达界限小练习

邀请你回顾一下这一周，当孩子的行为影响到你的需求时，你是如何和他沟通的？试着用"面质性"我信息的三部分来表达你的界限，写在下面空白处。

客观具体地描述对方让我不接纳的行为：

对我具体明确的影响：

我的内外一致的最初的感受：

积极应对冲突，让约定有效且易坚持

曾经的我惧怕冲突，觉得冲突是很可怕的，会破坏关系。面对冲突，我总是能躲就躲。直到人生的第 33 年，我才反应过来，冲突就是两个不同的个体在一起会自然发生的，冲突并没有好坏对错，如萨提亚所说："问题本身不是问题，关键是如何应对。"相同让我们连接，不同让我们成长。冲突是人际关系中的关键时刻，是关系品质的试金石，在每一次冲突过后，你觉得是与对方更亲密了，还是更疏远了呢？

P. E. T. 中的冲突解决策略第三法帮助我从惧怕冲突，变得能游刃有余地积极应对冲突。在关系中，冲突不再让彼此疏离，反而能拉近彼此的距离，增进了解。面对冲突，父母赢，孩子输，P. E. T. 称之第一法。这种情况下，父母会运用权威，"因为我是你妈，所以必须听我的，我都是为了你好"。父母输，孩子赢，P. E. T. 称之第二法。这种情况下，父母放任孩子，"宝贝说了算，你怎么开心怎么来，我不会逼你的，我忍了"。

我们常常在冲突中卡住，是因为要争个输赢，在第一法和第二法之间轮流转换，不曾想其实还有一种选择，即父母和孩子都有权满足自身需求，相互尊重，这种情况是双赢的，没有输家，这就是 P. E. T. 中的第三法。

下面是"第三法"的开心六步走。

第零步：在正式开展六步走之前，最好可以和孩子提前解释第三法，确保孩子能够理解这个解决方法，顺利进入六步走。

第一步：界定需求。提到需求，就要了解一下经典的马斯洛需求层级（见图3）。

图3　马斯洛需求层级

通常来说，我们平时看得到的行为很多都属于解决方法，而非需求。例如，我们想要周末和孩子一起去游泳，这是一个解决方法，而不是需求，背后的需求应该是我们希望获得亲子时光，并希望孩子通过游泳可以强身健体。想想看，平时孩子和你都处在问题区的时候，孩子和你的真实需求是什么？你可以套用马斯洛需求层级，找到孩子行为背后的需求本源。也可以通过积极倾听，剥洋葱似地听听孩子真正的"洋葱核"。你还可以通过询问"这可以给你带来什么好处"，来找到真正的需求。

比如，父母希望孩子早些完成作业。表层的解决方案是孩子能自己在晚饭前完成作业，那这可以给父母带来什么好处呢？也许是可以早些休息，不那么累，吃完饭以后有亲子时光，"作业"不会变成关系杀手，所以底层的需求是和谐的关系、爱的需求和生理需求。而父母不管孩子的作业可以给孩子带去什么好处呢？孩子高喊着"作业是我自己的事，你说了不管，结果还是老催"的背后，是对"我的地盘我做主"的成就感以及被尊重的自主权的需求。

第二步：集思广益寻求解决方法。这一步就是常说的"头脑风暴"。在这个步骤中，父母首先邀请孩子来想想能满足双方需求、让双方开心的解决办法。这样一方面可以降低孩子的阻抗，另一方面也能调动孩子的主观能动性，发挥创造力。在头脑风暴法中，我们要遵循一个原则：不评判。不管孩子说到任何奇思妙想，哪怕有些不现实，也不要评判，一一用纸笔记录下来。

第三步：评估解决方法。将第二步提到的方法都一一列出后，逐个进行评估，评估的标准只有一个，即是否满足双方需求。双方都满意的打勾，不满意的打叉，有疑问的打上问号。最终经过评估后，只保留父母和孩子都愿意采纳的解决方法。

第四步：选择解决方法，从打勾的解决方案中，给确定最终选择的解决方法做好标记。根据现实情况，可以将满足双方的解决方案全部勾选，也可以选择部分，不必拘泥于最佳的一个。

第五步：执行解决方法。父母和孩子共同约定什么时间开始（when）、怎么做（how）、谁来做（who），也就是具体执行这些解决方法的细节，确保大家都清楚这个解决方法。同时，如果孩子在后续执行过程中并没有遵守双方决定采用的方法，那么父母就可以通过"面质性"我信息的表达方式，和孩子就这个问题再次做进一步沟通和确认。在孩子有情绪的时候积极倾听，或许会发现之前未发现的需求以及会有更新的解决方法出现。

第六步：后续评估。在后续碰到问题并执行这些协商的方法后，父母和孩子可以就这些方法的效果进行总结确认。如果发现这些解决方法仍旧存在缺陷，双方则需要再次进行讨论，重新走一次第三法六步骤，寻求更合适的解决方法。

"第三法"的理论不难理解，但难在理论联系实际，通过在生活中不断训练和总结，我们才能掌握这些基本步骤，最终达到无意识熟练运用的效果。

现在的孩子大多数是网络原住民，因为网络游戏引发的家庭大战数不胜数，从幼儿到大学生，甚至是婚后夫妻还在为一方沉迷网络游戏而大闹。让我们来看几个用第三法解决网络游戏大战的故事。

我认识晶，是在 2017 年盛夏，她快人快语，有着明亮深邃的眼眸。晶的老公小 E，鸭舌帽，Puma 黑 T 恤，浅灰质感五分裤，在一堆爸爸中绝对是个惹眼的"酷爸爸"、装扮时尚的"文艺青年"，浑身上下透着"帅气"和"fashion"。当时他们的小儿子 5 岁多，帅气的小模样，有着各种古灵精怪的表情。两口子来我的工作坊，迫切想解决孩子沉迷网络游戏的困扰，通过工作坊中第三法的反复练习，他们感觉茅塞顿开，回到家就迫不及待地和孩子来了一轮第三法。

他们的开场并不顺利，孩子只想玩他喜欢的那个游戏，不愿意换成其他任何游戏。通过反复倾听，小 E 发现儿子是因为喜欢那个游戏的解说员，也想成为像那个解说员一样又酷、又搞笑、又牛的人。因而孩子的需求主要在需求层级第四层——成就感。小 E 和晶两个人并非完全反对游戏，而是担心孩子沉迷网络游戏会陷入的未知风险和安全问题。

了解了彼此需求后，他们开始第二步头脑风暴，如何既可以让孩子有成就感，又能减少父母的担心呢？他们一起想了好多办法，并从中选出了满足双方需求的几个：

（1）周末在爸妈陪同下，玩半个小时小霸王游戏机。

（2）通过巩固孩子本来就比较擅长的认字、背诗、算术来提升孩子的成就感。

（3）孩子提出学吉他，因为他周围没有人学，他学了，就很酷。

（4）周末调整环境，多带孩子去户外玩耍，避免孩子无聊。

（5）多给孩子自主权，比如自己选衣服。

小 E 说："我以前就喜欢对他的穿着指手画脚，因为我觉得他自己搭配得太丑了，现在我意识到之前我可能太权威了，孩子才会对自己不够自信。这周为了支持他培养自己的自信和审美，我让他自己选购衣服，明显感觉他很有成就感，自己选的衣服穿上超自信，根本舍不得脱。"晶说："我还是对完全解决网络游戏问题有些没有信心，结果和孩子复述打游戏的约定时，他根本不等我说，自己就把大道理说得比我还溜儿！"其实，孩子心里跟明镜似的，什么道理都懂。

那个周六，两口子陪孩子打了半个小时游戏，余下的时间都带着孩子到户外玩，周日孩子玩开心了，都没想起打游戏这件事。后续跟踪中，晶反馈孩子 7 岁了，已经不打游戏了，偶尔提及打游戏，发现背后更多是和同龄人交流的需求，当然这个需求他也会通过其他方式（比如约玩等）来满足。小 E 也和我反馈现在和孩子之间的沟通比以前顺畅多了，几乎没什么问题，有时候妈妈看着都眼红。这就是第三法的成功案例——看见孩子行为背后的需求，界定需求，找到双方都开心的解决方案并开始执行，家长只要给孩子足够的信任，孩子的变化就会出乎意料。

还有一位学员通过第三法，帮助上三年级的儿子把每天玩游戏的时间从 3 ~ 4 个小时降低到了 1 个小时，增加了散步、运动等亲子时光，家庭关系变得更加和谐。也有妈妈用第三法和孩子一起把网络版游戏变成了现实版真人亲子游戏，比如把开心农场游戏变成真人版开心农场。结果孩子反馈真人版比网络版还好玩！一位初二女孩因为精神状态欠佳，被诊断为抑郁症，停学在家大半年，每天从早到晚看手机。她妈妈也很是苦恼，来我的工作坊时常是以泪洗面。经过学习，她不仅能看见孩子，也能更多地看见自己，有建设性地表达自己的需求。在和孩子实践第三法后，女儿主动调整了看手机的时间，从一整天变成了每天一个半小时，妈妈也放下焦虑，信任孩子自己能管理好自己，放心让孩子使用手机，孩子也重回校园，并很快交到了新朋友，母女俩都觉得自己轻松了很多。很多时候，我们发现网络游戏成了亲子关系恶劣的"背锅侠"。当亲子关系回归正常，孩子对游戏的痴迷问题也会解决。

我自己也是通过第三法，一次次从真实的冲突出发，核对自己内心，做出让彼此都舒心的选择。每一次冲突都似一次心智练习，日复一日，事事有选择，时时有回转。在日积月累中，垒起安全的环境，强化彼此的信任，提升创造力和问题解决能力，让家少了敌意，多了爱！

别低估小小孩的大智慧，双赢思维从小开始

第三法在小宝宝身上也同样适用。虽然他们还不能很好地通过语言表达自己，但成人可以通过观察他们的表情和身体语言了解他们的感受，找到适合双方的解决办法。

二宝1岁时因为咳喘，要吃苦苦的中药。他吃了一口，全身发抖，眉毛、眼睛和鼻子都皱到了一起，小嘴高高嘟起，脸上露出"这也太难吃了吧"的表情，拒绝继续。我尝了一口也觉得好苦，我说："真的好苦好难喝……喝了药，病能好得快些，妈妈也没有那么担心。让我们开动脑筋，想想有什么办法？"二宝推开我的手，表示不想我强行喂，而是要自己尝试。我给他拿了一瓣桔子以缓解口中的苦味，他却给自己选了玉米棒。虽然勺子还拿得不利索，但小家伙慢慢地，一口药，一口玉米，竟然顺利地喝完了。我开心地给他肯定："宝贝自己喝完了，妈妈觉得好轻松。"二宝也开心地给自己鼓起了掌。

有一位学员，她2岁大的女儿在喝中药的时候，也发挥了

很多创造力，假想自己在过生日，请妈妈唱生日快乐歌，拿杯子干杯喝中药，期间她还摸了摸妈妈的肚子，寻求安慰，最后在愉快的氛围中，轻松地把药喝完。你瞧，孩子真是天生的游戏力高手。

P. E. T. 全球督导斯蒂芬的女儿在一岁半时，因为爸爸出差无法去接她，上学时哭闹了很久。斯蒂芬的爱人不知如何是好，但仍然保持倾听，邀请孩子想办法，令人惊讶的是孩子想到的解决方案竟是放学时，请妈妈穿着爸爸的蓝色大衣来接她。当妈妈如约穿着大衣出现在幼儿园门前时，孩子开心极了。

永远别低估孩子的智慧，在你给他一个解决方案前，别忘了给他一个机会让他找到自己的办法。

✔ 双赢解决冲突小练习

尝试用第三法解决你最近遇到的冲突，你可以对照以下步骤并做记录。

1. 界定需求

你的需求：

对方的需求：

2. 头脑风暴想出的办法：

3. 评估解决方案：

4. 选择解决方案：

5. 确定执行方案：

who：

when：

how：

6. 后续评估：

二宝家庭的和谐秘籍

　　家有俩宝的家庭常常会发生俩宝间的冲突。常有家长和我说："我最头大的就是两个孩子天天吵架、打架、抢玩具，老二抢不过老大，哭着喊我，而我只想静静。"

　　化解手足冲突，父母要做的首先是守住清晰的界限，意识到此刻有情绪的孩子才是冲突的主人。当他们在激烈争吵，但并没有向你发来求助信号，也没有做出过分的伤人举动时，你可以暂时在旁边观察，让他们自行解决。有一次，虽然我看到姐弟俩都扭打在一起了，但我选择退后一步，只是观察。我发现大宝怕自己捏痛弟弟的手，就捏着弟弟的袖角，这样弟弟也没法打到自己。二宝总也打不到，恼羞成怒，用更大的力试图打到大宝，大宝干脆站起来，在原地转圈，让弟弟的拳头没有着力点。同时，她不断地和弟弟说："这是我的玩具，我不愿意给你。"既保护了自己，又不伤到弟弟。二宝在大宝一次又一次坚定维护自己物权的过程中，也渐渐学会如何尊重他人的物权，保护自己的物权。而每一次，我都选择尊重孩子的物权，支持孩子维护自己的界限。谁的玩具谁说了算。当成人尊重孩子的物权，孩子也会学会尊重他人的物权，并自发主动地愿意分享。反之，越是指责"你身为姐姐就应该让着弟弟！给弟弟玩一下"，孩子反而越容易因为匮乏感死死护着自己的东西，拒绝分享。

越是卷入冲突充当裁判，孩子们越是依赖大人来解决问题，无法独立处理冲突。在经历孩子们的一次次"大战"后，我发现我越放松中正，所需做的也越简单、轻松。当我愿意放下控制的大棒，给孩子机会，也给自己机会，接纳和允许气急败坏的孩子们自己处理冲突后，我看到他们自己春风化雨、和好如初的频次随之增加，无奈和挫败逐渐转变成了信任、耐心和成长。我们要做的只是稳在中间的协调员。

化解手足冲突，父母还可以做的是倾听孩子的需求和情绪，传递支持和信任。比如二宝想要玩大宝的玩具，大宝不肯给二宝，二宝开始有情绪了，向我投来求助的眼神，而此时，大宝并没有情绪。你可以做的就是：意识到此刻有情绪的二宝更需要帮助，人在心在，带着同理心，专注地倾听已经在失落情绪中的二宝，"你很想玩那个玩具，姐姐不给你，你特别不开心"，协助他释放情绪。这样的倾听，有助于孩子找到自己的办法，他也许会再次鼓起勇气去找大宝，或者去玩其他的玩具，或者就待在妈妈怀里寻求安慰。此刻的大宝，并没有因为不给二宝玩具遭受父母指责，她也许会因为听到二宝表达的那些需求，而主动把玩具分享给了二宝，也可能想到其他的解决办法，当然也可能什么都没变，但他感觉到妈妈是尊重她的物权的，她就能安心地继续玩她的玩具，而不用带着自责、愧疚和懊恼。

如果冲突中双方都有情绪，并且都来找到你，双方都在问题区，都需要帮助，我们可以做的还是倾听孩子们的需求和情绪，只是从单独倾听一个转为倾听他们双方，而不是直接判定这个玩具该归谁，或者向孩子强加我们的解决方案，比如"姐姐你就该学会分享，分给弟弟！""你玩 5 分钟，他玩 5 分钟！""都不准玩了！"等等，因为如此一来，孩子们就少了一次独立积极应对冲突的宝贵机会。

第三法被我誉为二宝家庭的和谐秘籍。即使孩子还处在婴幼儿阶段，我们也可以告诉他们第三法的步骤，引导他们积极应对冲突。

二宝 8 个月大时，正处于口欲期，喜欢用舌头探索世界。那时 4 岁多的大宝醉心拼图，二宝时常在一边，拿起一块，放进嘴里，拼图就变成一团纸浆糊。姐姐生气怒吼，弟弟一脸无辜大哭，那时候二宝还不会说话，我就帮助他表达："弟弟看见姐姐玩拼图那么好玩，很想玩，结果被推开，所以很伤心。"同时倾听姐姐："你很想能专注地玩你喜欢的拼图，不受打扰。弟弟吃了你的拼图，破坏了心爱的拼图，你心疼你的拼图，也担心弟弟吃这些不安全。因为这个，你们俩不开心了好多次，我们一起想想有什么办法，既可以满足你，又可以满足弟弟，大家都能开心一点?"

大宝说："我玩的时候，你把弟弟抱开。我还可以到床上去玩，弟弟在榻榻米上玩他自己的玩具，可是我在床上玩，妈妈你是不是会不乐意啊，你不喜欢我在床上玩，因为会把床弄脏。"

"是啊，在床上玩，我很难接受呢，不过你能考虑到妈妈的感受，妈妈很开心的。"我给她发出了一个"面质性"我信息和"肯定性"我信息。

"那我没有办法了。"她说。

"我觉得你可以在茶几上玩这些对弟弟有些危险的玩具，像拼豆豆（一种塑料小颗粒拼图，容易卡到喉咙）、纸质拼图等等。如果你不想被打扰，就可以在茶几上玩。如果你愿意和弟弟一起玩，比如那种木块做的拼图，不会融化，可以和弟弟一起在榻榻米上玩，也可以满足一下弟弟的好奇心。妈妈还想到一个办法，我也可以准备一块地垫，放在客厅飘窗边上，作为你专属的工作区，你可以在那儿做你喜欢的事情。"头脑风暴的时候，我们总能激发出好多灵感，都是平时想不到的。所以我特别喜欢这个过程。

大宝说："妈妈，不行，茶几上有爸爸的茶具，那些爸爸很宝贝的，我怕在那儿玩，爸爸不愿意。"

"你说得对，我们和爸爸商量一下看看。"我肯定她的体贴和界限。

老公当然应允，把茶几上的茶盘挪到了飘窗上，添置两个小蒲团，把飘窗变成了赏心悦目的品茶一角。我说："这样就可以按刚才想的办法，在茶几上玩拼图、拼豆豆，一些不危险的玩具可以考虑和弟弟一起在榻榻米上玩，姐姐接受吗？"

"可以！"姐姐很开心地答应，并约定，"从今晚就开始吧！"

那一晚，我们享受了愉悦的无争吵的一晚，我带着弟弟在榻榻米上玩木质的拼图，老公陪着大宝在茶几上玩拼豆豆，感觉很舒心。解决冲突过程中，孩子参与想办法，会促进他们自觉遵守。由此，我家多次上演的冲突得以解决，之后两个孩子也没有再因此闹矛盾。

有时，我们适当调整环境也可以预防和化解冲突。比如，增加玩具收纳架，定期整理玩具，把玩具按照不同的归属权、不同的类别功能（毛绒玩具、书本、磁力贴、汽车、积木、拼图、娃娃、手工等等）做分类，放进相应的家（收纳盒），收纳盒上贴上相应的标签，将经常玩、喜欢玩的放在最容易拿到的位置，将不再心动的玩具及时断舍离，减少占用空间。这样有利于孩子们对自己的物品和物权更加清晰，在一定程度上也能避免争抢。

总之，家庭中需要做出与孩子们有关的决定时，别忘了孩子也是家庭中的重要成员，尊重他们，敞开地进行沟通，倾听他们各自的需求，邀请他们想办法，长此以往，我们才能解放自己，也解放孩子。

说对爱语，给关系账户存款

　　著名心理学者马歇尔·洛萨达（Marcial Losada）提出过一个命题，一个人积极向上的情绪是由积极情绪和消极情绪综合而成。其中的比例大致是17∶6，除出来的值约为2.9013，被称作心理学的魔力数值。洛萨达在研究不同公司的表现差异时发现，当员工的积极情绪与消极情绪的比例大于2.9∶1时，公司会蓬勃发展；低于这个比例时，公司的经济就不好。这个比例也适用于家庭。约翰·戈特曼（John Gottman）观察和聆听了数千对夫妇的谈话后发现，如果积极情绪和消极情绪的比例低于2.9∶1，离婚风险就很高。而5∶1的比例则让关系中充满亲密感和爱。曾有学员为此感慨："天哪，我满脑子浮现的都是我和我的孩子，比例恐怕最多1∶1，我几乎只看到他做得不好的事情，抱怨指责，终于知道他逃离我的原因了！我们虽然是住在一个屋檐下，距离不过3到5米，但是心的距离就像永远不相交的两条平行线，相隔数万光年。虽然我好像都是为他好，但在我们的关系账户里，我做着存百得一的事情。"

那么，如何灌满爱箱，让彼此的互动有更多的积极组成呢？

美国的盖瑞·查普曼博士（Dr. Gary Chapman），写了一本书叫《爱的五种语言》，观察和分类了爱的五种语言，如果愿意学习对方的主要爱语，就能有效地传递彼此的爱，保持爱箱常满。我喜欢用这五种语言来创造无问题的高光时刻。

第一种爱的语言：肯定的言语。看到对方的好，真心赞叹。可以用"肯定性"我信息直接告诉他，也可以通过电话、文字表达对对方的鼓励、感激和想念，表达对方的行为给你带来的放松、愉悦等自然而然的正向感受。前面这位学员就说："当我决定要换一种方式来处理和孩子之间的关系后，我从肯定和轻松的内容开始，先给出积极的回应，再去谈作业或其他要提升的部分。她现在15岁了，而我们的关系从没有像现在这么好过！"不管是孩子还是我们自己听到肯定的言语，都会被激励，彼此之间会有爱的流动，更有亲密感。如果"一日一苹果，医生远离我"，那么，每天一句肯定的话，则可免于看心理医生。试着带着好奇，去寻找对方的优点，并且告诉对方，你有多欣赏那些优点，可以让关系保持常新常青。

第二种爱的语言：精心准备的时刻。即高品质的陪伴，全心全意和对方在一起，传递关心和喜欢，一起做共同喜欢的事或陪对方做他喜欢的事情。可以列一个清单，写上喜欢一起做的五种活动，在接下来的每个月或每周做一种；保有仪式感，每天、每周、每季度、每年有固定的给彼此的专属时刻。这样会让彼此的爱箱常常被灌满，让关系历久弥新，每一天都有新的期待和美好。

第三种爱的语言：精心的礼物。重点在用心，而不在于花多少钱。礼物带来的惊喜和爱，能让重要时刻变得熠熠生辉。我们可以怎样有趣味地送出礼物呢？也许你可以在他生日的那一周，每天送他一个礼物，第一天早餐送他一盒甜点或糖果，第二天送一束花，第三天准备一个自己 DIY 的手作，第四天可以让大自然引导你挑选礼物，散步的时候睁大眼睛，礼物可以是一块斑纹美妙的石头，也可以是一片色彩斑驳或形状奇特的叶子……，你甚至可以有一本记录礼物小点子的本子。孩子们的礼物总是很有创造力，我收到过一片既像爱心又像蝴蝶的红色叶子、一幅自己画的小画或写的小诗，还收到过一包"爱的种子"，与孩子一起播种、培育"爱之树"的幸福让我十分珍视。当然，你也可以不必挑选特殊日子的那个星期，任何一周都可以为家人创造惊喜！

第四种爱的语言：服务的行为。在对方需要你的时候，尽量主动地提供帮助，做他想要你做的事。借由行动表达你对他的爱，可以是：做一餐饭，把餐具摆在桌子上，或者拖地、换尿片、种花、打扫等等，这些都是服务的行动，需要付出思想、计划、时间、努力和精力。如果再以饱满的精气神来完成，那就是充满爱的表达。你也可以趁对方不在的时候，让其他家庭成员帮助你做一些服务的行动，当他走进门，一起喊"大惊喜！我们爱你！"增加生活中的小确幸，让生活更美好。

第五种爱的语言：身体的接触。很多时候，说不出来的爱可以借由身体让对方感受到。我们的身体和情绪紧密相连，我们除了用倾听帮助孩子把情绪说出来，识别情绪，释放情绪，还可以通过抚触、按摩帮助他们。孩子的心灵和情绪其实是简单、透明的，抚触、按摩时不需要专业的手法，妈妈的手充满爱意地、全然地投入，就是最有效的。比如，把孩子拉到怀里，抱抱他，抚摩他，哪怕只有短短 5 分钟，哪怕什么都不讲，都能让他感觉到爱，让他放松下来。我经常和孩子玩"爱的瀑布"的游戏，一边看着孩子轻轻哼着"我的眼睛看着你的眼睛，你的眼睛看着我的眼睛，爱的瀑布来了，我的爱流到你的头发上、你的身上、你的脚趾上"，一边用手慢慢从他的头顶一点点往下抚摸，直到脚趾头，再从脚趾头慢慢抚摸回头顶。泰勒·本－沙哈尔（Tal Ben-Shahar）在《哈佛幸福课》中提到幸福鸡尾酒有四个成分，其中之一就是每天 12 个拥抱。

对准对方的爱语

如若我们能对准对方的爱语，找准时机，就能在关系账户上"存一进百"。

到底是送一个有心思的礼物（精心礼物）、吃一顿浪漫大餐（精心时刻），还是约上疲惫不堪的 TA 一起做个按摩（服务行为)？或者给 TA 写封信，告诉 TA 自己的快乐（肯定语言）？
抑或是好好找个地方，安静地依偎（身体的接触）？你可以试
着花时间观察，找到对方"爱的语言"，观察哪种方式对方最
受用，可以做一些以前没做过的小尝试；或者多听听对方的
抱怨——抱怨背后都是需求。通常，我们的孩子是"爱的五
项全能"，他们会很乐于以上面任何一种方式来表达他们的爱
和接受我们对他们的爱。而成人反倒容易在繁杂之中丢失爱
的能力，忘记自己和对方。这里给大家推荐一个更简单的方
式，邀请家人一起做一个"爱的五种语言"测试，测测看你
们喜欢接受的爱语和喜欢给出的爱语。有不少人测出来，日
常爱的互动太少了，五种语言都缺、都需要。你可以在《爱
的五种语言》一书中找到完整的测试题。

找准时机

　　在彼此都愉悦的时候，往往是往关系账户里存钱的好时机。
这时候，我们有空间有能量去表达爱语，事半功倍地让关系更
融洽。还有一些时刻，则需要我们后退一步，海阔天空，能做
到不透支关系账户。比如晚上 10 点多了，孩子却还在找练习
册，很着急："那个练习册明天要交，又被你收拾到哪儿去了？
我的东西不要乱动嘛！"

　　你却说："我早就和你说了，东西要归位放好，你不听吧！
我帮你收了，你还怪我呢！没良心！"

　　话虽没错，但一出口，就从关系账户里扣了一笔。这时候，

孩子在情绪里，最需要倾听和支持。你如果说："找不到好着急啊！确实是我帮你收了。我也是把桌上的东西一股脑儿塞进了抽屉。我陪你一起找找看吧！"解了燃眉之急后，再给点爱语，比如一个抱抱。其实这样的时机是存一得百的好机会，爱出者爱返，我女儿就曾在这样的时刻和我说："谢谢妈妈帮我一起找。早点睡吧！晚安。"

日常生活中，我们要努力往关系账户里"存款"，让爱箱满满，但有时也难免需要从账户里"取款"，尤其是当自己感觉血槽已空时，会把倾听、"面质性"我信息、第三法全都抛之脑后，乱发脾气，甚至气急败坏地吼娃。发生这种情况怎么办？与其深陷愧疚自责之中，不如内省不疚，给自己一份接纳，去感受其中情绪的流动和当下的无力，再重新往刚刚"提款"的关系账户里"存款"，避免账户透支就好。

✔ 爱语小练习

测试自己和家人爱的五种语言，观察家人的爱语，并记录下家庭成员的爱语，回顾过去一周有没有往关系账户里"存款"。

你的爱语：

伴侣的爱语:

孩子的爱语:

过去一周,家庭成员分别用了哪种爱语往关系账户里"存款"? 未来一周,计划如何往关系账户里"存款"?

自我照顾四法，理顺和自己的关系

通常我们感觉自己没法倾听孩子、没法用出第三法时，都是因为我们自己状态不佳，自己的爱箱空了，就没法让爱流动，给出爱。这时候，我们可以做些什么来为自己注入爱，把自己爱回来呢？我们可以用自我照顾四法来帮助自己。

方法一：给自己一些独处时间

找一个空间，自己待一会，想哭就哭，让情绪流淌。每个人都需要独处的时间来让自己纷繁的心得以喘息，这样可以帮助我们在腥风血雨来临时，仍然有力量稳在中心，做好定海神针。在专属于自己的时间里，我们做自己喜欢的事：按摩、泡澡、SPA、散步、唱歌、舞蹈、休息、听音乐、闻闻花果香、点精油、尝美食、尝试新鲜事物……运动和冥想已被证实是很好的自我照顾方式。

方法二：自由书写

给自己 10 分钟，尽快把自己的情绪和想要做的事情写下来
或者画出来，把面前的白纸当作树洞，随着文字或绘画的表达，
情绪会自然平复，恢复到我们可以处理的程度。这个方法对于
失落、焦虑都很有效果。你不妨用这样的方式开头："我现在
情绪很糟糕，因为……"甚至可以把心里想骂的都一股脑儿写
出来，尽情地书写："我刚才经历了……我想抱怨……我感受
到了……我想对自己说……"完成之后，再起一段，写下：
"其实，我真正想对自己说的是……"整个过程，笔随你心，
不要间断，无需任何评判，这是写给自己的。写完后，你可以
揉成一团，往墙上丢，继续疏解未完的情绪；你也可以选择撕
碎销毁；你也可以保留，留作日后复盘，当平静下来，问自己，
再有类似经历，我可以怎么做。如果是一个人的场合，自由书
写是很适宜的方式。

方法三：给自己做冰山探索

萨提亚的冰山理论实际上是一个隐喻，比喻一个人的"自
我"就像一座冰山一样，我们能看到的只是表面很少的冰山一
角——行为，而更大一部分的内在世界却藏在更深层次，不为
人所见，恰如冰山。给自己做萨提亚冰山分析，就是指透过表

面行为，去探索自己的内在冰山，从中寻找出解决之道。每个人都有自己的冰山，认识自己的冰山，揭开冰山的秘密，我们会看到生命中的渴望、期待、观点和感受，看到真正的自我。有一对夫妻，都学过萨提亚冰山理论，他们常常在吵架后各自坐下来画冰山，他们5岁的孩子也在旁边画，"我爸爸妈妈吵架了，我的感受是……"画完冰山，夫妻俩相互一看，原来双方冰山的底层都是在呼唤爱。在亲密关系里感觉到痛苦往往是因为一方在呼唤爱，而另一方不愿意给。冷静下来，如实如是地进行"一致性沟通"，看见自己，看见他人，看见环境，给出爱，接收爱，这样才能冰释前嫌。

一致性沟通的前提是了解自己的内在冰山。如图4，个人内在冰山共分成7个层次，依次是：行为（事件）、应对方式、感受以及对感受的感受、观点（看法）、期待、渴望（人类共有的）、自我（我是……）。7个层次逐步深入！你可以依次填出以下的内容，这个过程就叫"冰山探索"。

（1）行为（事件）：刚才发生了什么？你可以用自由书写的方式来描述，即你的五种感官直接接收到的来自他人和环境的信息。比如，孩子刚才在愤怒地骂你"臭猪"。

（2）应对方式，即面对刚才发生的事件，在沟通时采用了怎样的应对方式：讨好、指责、超理智、打岔，或是一致性沟通。讨好的应对方式下，很照顾对方和环境，却委屈了自己。指责的应对方式下，很在意自己，却忽略了他人和环境。超理

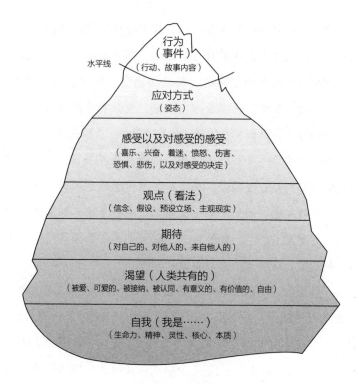

水平线

图4 个人内在冰山

智的应对方式是指只讲道理，摆数据，像冷冰冰的电脑，忽略了彼此的感受。而打岔的应对方式则把自己、他人和环境都忽略了，容易让沟通中的人感到很晕。如果能顾及自己、他人、环境三者，做到内外一致性沟通，则是比较有建设性的。

（3）感受以及对感受的感受：感受，即身处在这个事件之中，你的感受是什么？你的情绪又是什么？比如，委屈、无力、挫败、愤怒等。对感受的感受，即对前面产生的感受你接受吗？

如果不接受，又会产生什么样的感受？比如，后悔自己也凶了孩子，对自己的愤怒产生了感受的感受，即愧疚和后悔。

（4）观点（看法）：你如何看自己？如何看这件事？你猜想别人如何看你？你的信念和想法是什么？在这个想法里，你有假设或猜想吗？你是否核实过观点或看法？比如，孩子对大人叫骂是不礼貌的。

（5）期待：你对他人有什么期待？你对自己有什么期待？他人对你有什么期待？比如，"我期待孩子能对我好好说话，尊重我"；"我也期待自己可以和孩子好好沟通，孩子也希望我能跟他好好说话"。

（6）渴望（人类共有的）：如果你的期待被满足了，可以给你带来什么？事情的发展符合你的想法，这对你意味着什么？是更有价值，更有安全感？还是感觉被接纳、被信任、被尊重、被爱，抑或被欣赏……还是其他什么呢？比如，孩子骂我"臭猪"，我生气背后的渴望是被尊重、被爱。再问问自己，为了满足自己的渴望，可以做些什么？那我可以：①和孩子好好地就此事作一致性沟通，表达自己的需求，也倾听孩子的需求，一起想办法解决，避免再度发生；②做个 Spa 放松一下；或泡个澡，敷个面膜；写爱自己日记，自己爱自己，自己尊重自己；③和老公一起去看个电影……

（7）自我（我是……）：冰山最底层指的是事件发生时，自己生命力的真实状态，即自我认同和自我价值感如何。也就是自己如何看待自己，情感是否完全活在当下，能否完整地兼顾自我、他人和情境，生命力和精神状态如何？内心是否充满了喜乐与意义感？也有人把这部分称之为灵性、精神、本质等。

我们可以通过打分的方式来具像化这部分内容。在这个情境中，你给自己的能量状态打几分（从 0 到 10 分）？自己在事件前、中、后的自我价值感分别有几分（从 0 到 10 分）？比如，被孩子骂"臭猪"时，我也咆哮回去了，那时自己的自我价值感很弱，只有 2 分；当深呼吸冷静下来，与孩子进行一致性沟通后，升到了 6 分；事后反思，写日记，做 Spa 后，回到了 8 分。

方法四：写日记复盘

写日记复盘，反思哪些部分做得好，哪些部分还可以提升，是与自己好好相处的一种刻意练习，就像围棋大师们每次赛后都会复盘自己走的每一步，以此精进棋艺一样。每一次回归自己，做自我整理与反思的过程，都有其价值。随着时间推移，你会发现自己情绪的卡点和规律。我曾经从自己的记录中发现，3 个月里有 5 次情绪失控，都是因为一整晚独自带娃心生情绪。一次次写日记记录复盘就是一次次拥抱和接纳自己，这就像一次次的脱敏过程，直面自己不逃避，积累的情绪才得以流动、舒展，不再那么敏感。刻意练习也像拉韧带，第一次拉伸非常痛，随着一次又一次练习跳出舒适区，慢慢在拉伸区自我成长，我们开始变得游刃有余。同样是晚上独自带俩娃，我从忍让、虚假接纳、间歇性爆发，到开始有力量说"不"，允许"自己是人不是神"，发送"面质性"我信息表达自己的界限，到更多地正向沟通，和老公、孩子们做一致性沟通，再到放下过度的期待，自己有了更多的空间，能够抱持住他人的情绪，专注安定地陪伴孩子们，拥有了更多美好的睡前时光。

✔ 自由书写小练习

现在邀请你在以下空白处自由书写你最近的一件让自己感到失落或者焦虑的事情：

✔ 萨提亚冰山小练习

结合最近苦恼的一件事，画下你的内在冰山。

行为（事件）：

应对方式：

感受以及对感受的感受：

观点（看法）：

期待：

对自己的期待：

对他人的期待：

他人对自己的期待：

渴望（人类共有的）：

自我（我是……）：

✔ **日记复盘小练习**　　　　◄　◄◄◄◄▨

邀请你选择今日发生的一件事，写篇日记复盘。

养育
幸福
小孩

第三章

积极·自我

将优势教养带入家庭中，理解优势是可以培养和提升的，探索和了解家庭成员的优势，促进家庭关系中更多积极情绪的产生，从而以积极的态度构建积极自我，增强心理韧性，提升家庭教育的质量和效能，提升亲子关系，促进孩子的成长，过上更加积极、幸福、有品质的生活。

构建积极自我，迈向自尊自信

何为自我？

许多人心目中的自我有着这样的故事：自我就像一个上面写着几个字的宝物，突然间消弭于世，不知所踪，不明所向。几经苦寻不得，如陷迷宫，雾霭重重。经苦心修炼，过五关斩六将，披荆斩棘，四处找寻，终于发现了夺走"自我"的喷火巨龙飞往某个山头，你艰难地爬上去，中间不知摔了多少跟头，终于在漆黑幽暗的山洞里，与巨龙一阵搏斗厮杀后，找到一个写着"自我"二字的石头，背面写着"你的自我是……"，从此过上了一帆风顺、幸福无忧的生活……

然而，这并不是真相。我们的自我并不是童话故事，真相是：自我是在不断变化发展的，并没有一个凝固不变的自我。意外吗？自我是在一次次的自主行动中构建，在一次次对自身心理和行为的觉察中发展，在一个个与外界人、事、物交互的当下变化而来。我们的物理存在、社会关系、心理和行为皆是自我的一部分。那段披荆斩棘之路不是全部，只是你自我建构的一段历程。那块写着"自我"的石头不是终极答案，只是漫漫人生路的一个里程碑，它是结束，是开始，是中途，还会在之后的人生历程中不断被雕琢。你对自己的动机、价值观、情绪、理性衡量、行为、感受保有觉察的过程，就是在与真正的自我不断相遇，这是一个真诚、自发、开放的整合过程。当一个人为了实现潜能，持续不断地做出自我决定、付诸行动、自我实现，就是在不断构建积极自我。

人们通过认识自我，构建积极自我，能不断提升自我价值感，逐步形成稳定的自尊。自尊是一个人对自己的看法和自我感觉，以及赋予自己的价值，既有理性评判，也有感性情绪。一个有高自尊的人，有着高自我价值感，对自己有清晰的认识，对自己的言行保有觉察，感觉自己有价值、有能力、值得尊重。有自尊的人以"现在"为重心，不为过去和未来过度焦虑，表里一致，活得真诚、坚强、尊贵；有爱人的能力，能为自己的言行举止负责，信任自己，觉得自己是有选择的，可以选择分享感受；和他人的相处中，会通过沟通、澄清来改善关系；重视自己，接纳和喜爱自己，也以同等态度来对待他人；勇于做自己，呈现真实自我，认可自己的独特之处，不拿别人来比较，不依赖他人的肯定；停止自我批判、自我惩罚，允许自己的每个部分自由地学习和成长，觉得痛苦也是生命的一部分，只需认真地去面对。追随自我真实的内心和本性，看见和认清外在

的物欲和干扰，做到知行合一，无往而不利。正如王阳明的
"致良知"，"知而不行，只是未知"，"知行合一"。

当一个孩子拥有高自尊时，他能自主选择、自主决定，并
不断地自主学习知识，掌握新技能，通过一次次行动、一次次
成功，实现自我，提升自信。决策和行动更为果断，不会迫于
外界压力而做选择，遇到困难仍能坚持到底，不太容易受批评
的影响，不会否认自身的价值，勇于尝试，感觉良好，因而拥
有更高的幸福感。

反之，低自尊的孩子则倾向于认为一定要选"对"的选
择，会被失败影响更长时间，会觉得他人对自己的批评是抛弃
自己，很难投入到下一个行动中去，把自尊建立在分数、样貌、
金钱、别人的赞美（即他尊）和与他人的比较上，自尊脆弱。

高自尊的孩子更容易培养和展现自信。自信是自尊的具体
体现，是人们对自己能成功应对特定情境的能力评估。反复成
功的经验、体验可以提升一个人的自信，比如，孩子第一次弹
钢琴难免缺乏自信，但经过反复练习和努力，对弹钢琴的信心
就会增长。但自尊在这个过程中可能没有什么变化。自信提升，
孩子会认识到："我可以弹钢琴。"自尊的提升，则帮助孩子认
识到："我暂时弹不好也没关系，并不意味着我很差，我还需
要继续努力。"自尊的提升除了需要反复成功的经验、体验之
外，更需要长期安全的人际关系和真诚的关爱，以及不断内化
的归属感和掌控感。

越小的孩子越容易认为周围发生的一切事情——好的也好，坏的也罢——都与自己有关。他们的自我价值感，与他们在家庭和环境中和父母以及其他人之间的交互有很大关系。因而，我们和孩子交谈时，要平视他的眼睛，给予全然的尊重；孩子遇到挫折时，要及时给予情感支持，倾听孩子，协助孩子积累自己独立解决问题的成功经验；鼓励孩子多问问题，多发表意见；在共赢的基础上，相互尊重彼此的需求，灵活有弹性地共同制订规则。在以上过程中，我们给予孩子的信任也是孩子自尊自信的重要根基。

1968 年，哈佛大学的心理学教授罗勃特·罗森塔尔（Robert Rosenthal）和雅各布森（Jacobsen）来到美国加州的橡树小学，从一至六年级各选了 3 个班，共 18 个班，宣称要对班里的学生进行"未来发展趋势测验"。罗森塔尔以心理学专家的口吻，带着赞赏，将一份占总人数 20% 的"最有发展前途者"的名单交给了校长和老师，并叮嘱这些老师务必要保密，以免影响实验的正确性。8 个月后，他们再次来到这所小学，对 18 个班的学生进行复试，结果奇迹出现了，凡是上了名单的学生，个个成绩都有了巨大进步，且活泼开朗、自信心强、求知欲旺盛，社交能力更优。

但其实，那份"最有发展前途者"的名单只是随机挑选的，罗森塔尔撒了一个专家的谎言。这个谎言对老师产生了心理暗示，在这 8 个月里，老师通过语言和行为把暗示传递给了学生，学生才取得了异乎寻常的进步！积极的预期形成了积极的结果，这就是相信"相信"的力量。后来，人们就把这种基于信任，由于他人的期望，行为发生与期望趋于一致的变化的情况，称为"罗森塔尔效应"。

　　教育家丽塔·皮尔逊（Rita Pierson）将"罗森塔尔效应"应用到了她教的孩子身上。她曾接手一个学术素养差到让人想哭的班级，她却选择告诉班上的孩子："我是最优秀的老师，而你们是最出色的学生，我们聚在一起，就是给其他人做榜样。当我们走在楼道里，要昂首阔步，保持安静，因为大家都会注意到我们。"班里的一个孩子在一次考试中，一共20道题，却错了18道，她打的分数是 +2 和一个笑脸，代替了 –18。她对困惑的孩子说："你正渐入佳境，你没有全错，还对了2个，我们一起复习这些题，你会做得更好的。" –18 让人感觉灰心丧气， +2 却意味着"我没有那么糟"。她在孩子们身上倾注了信任，让他们相信"我是个重要的人。我很有力量，很强大，值得在受的教育，我毕业的时候会更加优秀，拥有更好的未来，这不仅是可能，而且是必然。"9 个月后，这些被称为"人物"的孩子们发生了翻天覆地的变化，他们重拾自信，学习成绩也大幅提升，就如美国教育家丽塔·皮尔逊（Rita Pierson）所说："如果你长时间这么说，它就会开始变成事实！"

　　将"罗森塔尔效应"用到家庭教育中，也是如此。如果你故意用反话刺激孩子，贬损他，往往会事与愿违。而给予孩子信任，不管他现在做不做得到，是否做得很糟，都要相信孩子本有的智慧，你会发现，孩子真的可以慢慢地做到！孩子的自尊、自信也因此迈入良性发展的轨道。

✔ 自我认知小练习

邀请你思考以下问题，并把答案写在空白处，无关对错好坏，这可以帮助你进一步认识当下的自己。

1. 自我观：我是谁？我的价值是什么？我是按自己的意愿生活吗？

2. 自爱：我值得别人爱吗？我爱我自己吗？我能接受我自己吗？我对自己感到失望、不满、难过，还是骄傲、满意、快乐？

3. 自信：写下自己有哪些优缺点。我能做什么？有过哪些成功和失败？可以描述自己上一次从挫折里崛起的经历。

4. 你怎么描述自己?

完成下面 5 个句子, 5 个句子之间不需要有关系。

我是

我是

我是

我是

我是

尽可能从多方面、多维度来认识自我, 丰富多面的自我认知可以提升我们对困境的应对能力, 减少心理烦忧。以上练习, 你也可以邀请大一些的孩子一起来做, 也可以在晚餐后或是某个周末, 全家人一起来做并相互分享, 增进彼此的了解。

聚焦优势，让孩子寻回自信

解答以下的问题，看看你是否有很清晰的答案。这些问题来自奥尔本大学心理学教授莉·沃特斯（Lea Waters）在《优势教养》中提供的测试。

（1）我可以轻易地看到孩子身上的长处（他们的个性、能力、才干和熟练掌握的技能）。

如果答案是"是"，请花 3 分钟在下面空白处写下你能想到的孩子的优点。

（2）我知道孩子喜欢做什么。

（3）我能很容易地说出孩子有什么优势。

（4）我知道孩子擅长做的事情。

（5）我知道家里每一个孩子的关键优势。

（6）我知道如何激励我的孩子。

（7）我可以轻易地看出我的孩子什么事情做得最好。

（8）我给孩子创造机会，让他们可以经常运用自己的优势。

（9）我鼓励我的孩子做他们擅长做的事情。

（10）我建议孩子每天使用自身优势。

（11）我积极地跟孩子展示如何在不同情况下运用优势。

（12）我鼓励孩子做他们喜欢做的事情。

（13）我努力帮助孩子运用他们的优势。

（14）我鼓励孩子做他们觉得有激情的事情。

如果你对以上描述皆有非常肯定且清晰的答案，能轻易地写出一长串孩子的优势清单，那么恭喜你，这说明你已经走在优势养育的路上，努力看到孩子的优势，努力关注、理解孩子擅长的事、喜欢做的事和他们觉得有激情的事。如果你感到茫然，也别太自责，大部分的父母在回答第（1）题时就卡住了，能想出孩子的五六个优点已属不易。

过去30年，积极心理学大量的研究和事实证明：在家庭中，家长如果能有意识地看见和培养孩子的优势，就可以强有力地帮助孩子提升自尊、自信。优势养育下的孩子拥有较高的自我价值感，对自己的人生有安全感、归属感和掌控感，努力为自己创造当下美好的人生和积极的未来，并能拥有坚韧的遇挫重振之力；还拥有更高的在校幸福感和参与感，幼小衔接和小升初过渡更为顺畅，拥有更高的学术成就（在高中生和大学生中都有同样的发现）；成年后在工作中的幸福感更高，工作表现更佳，婚姻更幸福美满，身体和生活习惯更健康（如合理饮食、定期体检），免疫系统更强，病后恢复得更好，生活满意度和自尊心水平更高，抑郁值更低。

2020年下半年，我以220个家庭作为研究对象，对他们进行优势养育团体辅导，引导家长和孩子探索和了解自己的优势，理解品格优势是可以改变和培养的。通过辅导，这些家庭的幸福感和生活满意度都得到了提升，焦虑抑郁值明显下降，积极情绪和心理韧性提升，尤其是家长和孩子共同参加的实验组，幸福感和心理韧性提升更为明显。

在研究过程中，我发现绝大多数家长都知道看见孩子身上的闪光点对协助孩子变得更自信有多重要。但现实中，知行合一绝非易事，家长们对自己和孩子总是更容易从劣势出发，诸多苛责，把孩子看成一个个待解决的问题集合，而不是一个正在展开的奥秘。

如果你也是如此，这并不是你的错，关注优势并不容易，因为总有层层面纱蒙住你的眼睛，这与人类千百万年进化史遗留下的优势选择恐惧有关。

蒙住你的第一层面纱是我在第一章中提到过的负面偏好。它让我们总是倾向于看到孩子的劣势，而忽视了那些闪光之处。

比如，孩子考了 98 分，你会更关注他做对的 98 分，还是错了的那 2 分？受负面偏好的影响，绝大多数父母会马上打开卷子，寻找一下那该死的 2 分因何被扣，而孩子为得到 98 分付出的努力被匆匆略过。负面偏好非常强大，几乎在人们尚未察觉时就已经发生了，刻意练习第一章中的三件好事可以帮助我们。

蒙住你的第二层面纱是投射。第一章我们就介绍过这种心理防御机制，在生活中很常见，是几乎人人都会入的坑。投射和上面的负面偏好相反，我们容易看到他人身上的缺点而不是优点，反过来，在自己身上，我们潜意识里却更希望看到自己的优点而非缺点，以此过滤消极，放大积极。不愿意看到自己胆小，就觉得孩子胆小，不敢于说"不"，比自己有过之而无不及；厌恶自己的拖延，就觉得孩子太拖拉，慢得像蜗牛；不接纳自己的脆弱，就觉得孩子太过脆弱，娇气做作。

蒙住你的第三层面纱是选择性注意。这也是进化的产物，是为了确保大脑在面对信息爆炸时，仍能正常运作。但这一过滤系统并非完美，除非我们意识到重要信息的存在，否则，我们会经常错过它们，而很多时候，被错过的信息有助于我们看到全貌，更好地做出正确评估。了解并意识到这层面纱的存在，你就可以反其向而行，有效利用它。比如，我们可以选择性关注孩子的优点，而不是一直盯着他们的缺点。

蒙住你的第四层面纱是二元对立。它让我们觉得孩子要么很有优势，要么就一点儿都没有优势，比如，孩子不勇敢就是胆小。而实际上，在是与非、黑与白之间，不是无，也不是灰色，而是一个丰富多彩的中间地带，甚至是彩虹。比如，我女儿有一段时间害怕伸手不见五指的黑，不敢自己睡；但她却敢于去尝试很多不曾尝试过的事情，甚至是挑战爬上一座非常陡峭、沿路都是悬崖、绝大多数成年人都难以登顶的海拔 4000 多米高的山峰。我发现，胆小和勇敢不是非此即彼、二元对立的两个极端。

揭开面纱，是时候来了解一下到底什么是优势了！优势可以是技能、能力、兴趣、特点、品格或天赋，是我们表现出的积极的个性特征，于人于己皆有益，每一项都有先天和后天努力的成分。著名积极心理学家马丁·塞利格曼（Martin E. P. Seligman）和克里斯托弗·彼得森（Christopher Petersen）在 2004 年邀请了全世界 50 多位杰出的心理学家，对人类社会影响最为广泛的哲学、宗教和文化体系（包括儒学、道学、基督教、伊斯兰教等）进行分析，提炼出全人类普遍认可、社会提倡且鼓励人们具备的六大美德——智慧、勇气、正义、人道、超越、节制，并通过科学的心理测量标准遴选出与这六大美德相关联的 24 项性格优势：好奇心、创造力、好学、洞察力、思维力、正直、坚韧、勇敢、活力，公平、领导力、公民精神，爱、善良、人际智力（情商），希望、欣赏美和卓越、灵性、幽默、感恩，宽恕（慈悲）、谦逊、审慎、自我规范。如图 5。

图5　品格优势与美德图

（清华大学社科学院积极心理学研究中心绘制）

你可以搜索到 VIA 优势测量表来帮助自己和孩子了解优势。你也可以从优势的三大要素——优异的表现（擅长某事）、充满激情、经常用到（愿意做）——出发，通过问如下三个问题，和孩子一起探索他的优势。

（1）你都有哪些擅长做的事？

（2）做这些事时，有没有感觉到不可抑制的激情？觉得自己充满了力量，不想停下来，甚至忘记了时间？

（3）你有哪些经常愿意做的事？业余时间愿意做什么？多久做一次？你如何看待这件事？

要让讨论更深入，不会戛然而止，你需要花些时间，做一些功课，真正地陪伴孩子，仔细观察孩子自然流露的行为和语言，为你们的讨论增添素材。相信我，即便是孩子，也极容易被上面的四层面纱蒙住双眼，很可能当你问"你有没有什么擅长的事和优势"时，你得到的回答是"我觉得我没有什么优势"。

我第一次问我家女儿时，得到的就是这样的答案，原本兴致勃勃的我感觉被泼了盆冷水，好在我立刻放下了大脑中的评判——"哦，糟了，这孩子太不自信了"，开始和她分享我观察到的她的优势，比如欣赏美和卓越、领导力、活力、好奇心、创造力、同理心/体贴（人际智力的核心要素）、公平、勇敢、坚韧、正直、善良、好学、洞察力，并一一和她讨论对应的事件和感受，比如："妈妈观察到，在我难过的时候，你会主动来倾听我，妈妈感觉到你有同理心这个优势。"

然后，她就会说："是哦，上次你被弟弟气炸了，我也帮着倾听了。还有那次，你和爸爸吵架，我还帮你们做了开心大法。嗯，妈妈，其实我挺会想办法的。这算创造力吧！你看我这次寒假，带着弟弟发明了好多没玩过的游戏，今天我们还寻找大自然的声音，用竹子演奏音乐，我们还一起设计了漂亮的钱包和手提包，画了几本漫画书。"

"是的，你还喜欢听着音乐自己创造舞蹈，你上次写诗，也是创造力的表现呀。妈妈觉得这里面也有欣赏美的优势：你在跳舞的时候，感受音乐和身体的美，你在画画的时候，总是很沉浸其中，而且这些几乎是你每天都在做的事，一旦你有空余的时间，你就想要去做。你做这些事情的时候感觉如何？"

"很开心，就像心里面有大片橘色、黄色、粉色的光一样。"她笑着对我说，身后的夕阳正在把天空大片地渲染成橘色、黄色和粉色。那天傍晚，我们聊了好多愉快的事，沉浸在爱的流淌和滋养里。最后，我一一读了我们讨论过的优势，并让她选出自己觉得最突出的五个核心优势。这一次，她没有说自己没有优势了，而是快速地选出了前五位：爱、活力、好奇心、创造力、公平。

一个人真正的优势会自然流露，是难以抑制的，若抑制，就会让自己不自在。对于小一些的孩子，我们可以仅仅通过观察，就掌握孩子优势的信息。比如仔细观察孩子，发现他一有时间就喜欢画画，画画的时候，全情投入，完成"大作"后，兴奋地举着作品给你看。这时你要仔细观察孩子的画，找到具体的闪光点进行回应："哇！我好喜欢你用的颜色，这辆红色的车好特别，有点像甲壳虫呢！还有好多摩天大楼，哇，还有立交桥，这是你设计的汽车小镇呀！我看到好多美丽的颜色，好有创造力！"相信你能想象听到这些话后孩子脸上的表情会有多么满足。

成功才是成功之母。善用优势让孩子更容易成功，做擅长的事情让他有成就感，自然愿意做更多努力和练习，而努力和练习又会继续让孩子在做他喜欢的事情上表现更佳，给孩子带来很多积极情绪，形成习得性乐观（即通过正向引导获得积极认知、实施积极行动，进而积累正向事件，从而获得的良好状态），进入良性循环，摆脱习得性无助（即因为重复的失败或惩罚而造成对现实的无望和无可奈何的行为、心理状态）。

✔ 优势探索小练习 ◄ ◄◄ ▩▩▩

通过 VIA 优势测量，找到自己排名前五的核心优势并记录下来！

你最擅长、最认可的优势是什么？看到自己选择出来的优势有什么样的特殊的感觉？想象一下，当你做这样的与优势有关的活动时，是否特别兴奋、投入、充满激情，做起来越发兴趣盎然？

新的一周，你准备做些什么来发挥你的优势？或者想方设法找机会来运用这些优势？

如果你感到自豪，特别想应用、特别想体现这样的一种优势，祝贺你，这说明你找到了自己性格的优势，也找到了自己与众不同的内在资源。

一天早上，我正准备练习瑜伽，美美地开始新的一天。然而，我的目光忽地落到了孩子书桌上那支没有盖着笔盖的钢笔上。那是一支有几十年历史的英雄牌老钢笔，斑驳的外壳上还模糊可见"革命尚未成功，同志仍需努力"几个字，是战友赠与孩子姑丈的。老师要求孩子用蓝黑色钢笔水写作业，女儿的两支钢笔相继因为笔盖丢失，无法正常出墨。当时赶上新冠肺炎疫情，交通管制，我们所在的小山村买不到钢笔。四处问询后，才借来了姑丈的老钢笔，对女儿叮咛再三，"好好保管，善用"。而如今笔盖又不见了！而且，到处都乱糟糟的，白纸四处散落，我感到忍无可忍，心里腾地升起一股怒火，爆发了："笔盖又去哪儿了？这支钢笔是借来的，有特殊意义，要还的！"

"昨天弟弟在玩，他玩不见的。"女儿说，遂转头问弟弟："我的笔盖呢？"5岁的儿子低头不答。女儿反复问，问到声嘶力竭，他都不吭声。我起身，把怨气发在那些四处散落的白纸上，一边收拾，一边找笔盖，烦躁地把那些纸片用力丢在一个角落，纸张承载着我的怨恨，轻飘飘地落在一起。

"找不到，烦死了！"我咕哝了一声，继续查看电视柜底下。

看到我生气的样子，女儿催促儿子开始找："你说啊，到底去哪儿了？你搞不见的，你到底放在哪儿了？你去找啊！"

"那我问你前面两支笔的笔盖去哪儿了，去哪儿了？到底去哪儿了？"我烦躁地说。

"我不知道！"她气急败坏地冲进了卫生间，关上门。

"看，我这样一直问你，你也气得很！"我说。

"啊——"她生气地大喊以示抗议。

我转头离开了现场，担心继续下去，三个人都要炸裂。一个原本美好的早上，彻底玩完了。我做了几个深呼吸，然后跟随身体的感受，一边原地跑步，一边出拳发泄，再做会儿拉伸，让那些负向情绪流淌出去。我感觉到右肩的紧绷，大量工作计划因为疫情而后延，因而压力山大。我发现，刚刚自己被投射和负面偏好拉入情绪漩涡，我的注意力全部停留在失踪的笔盖和孩子丢三落四上。丢三落四，是我从小到大被妈妈念叨最多的一点。我不接纳自己的丢三落四，把对自己的不爽投射到孩子身上。我只看到她弄丢了钢笔套，却对她做到的视而不见。我怪她对弟弟过于苛责，没有同理心，其实是对自己这段时间没耐心倾听孩子而深感愧疚。儿子低头不语的样子，又让我害怕，担心他有压抑却不表达，就像小时候的自己，有委屈时趴在枕头上默默流泪，却不敢哭出声。这一层层的投射，蒙住了我的眼，盖住了我的心。我一边深呼吸，一边闭上眼睛，努力让自己走出剧情，停止投射，转换视角，从只看劣势转换为看到优势：

我看见女儿从 6 岁开始，就能把书桌收拾齐整，极少丢失东西。在我找不到东西、满头大汗、挫败无比的时候，她都会主动帮我找，还自诩："我的眼睛很厉害，能看到你们看不见的。"确实，她帮我找到好多次。这次的笔盖确实不是她搞不见的，她认真书写时，把笔盖放在书桌边，被旁边无聊的弟弟拿去玩了。我看见了她当时的专注，也看见她没有责怪弟弟，同理到弟弟的无聊。我还看见她为了不让无聊的弟弟影响我工作，把简单的白纸创造出无限的玩法。那些四处散落的白纸，被折成各种形状，小船、钱包、飞镖、房子、收银台、纸币、各种货品（饮料瓶、汉堡包）……那些创造精彩绝伦！

我也看见儿子的体贴，为了不影响姐姐，他自己默默地在旁边玩儿笔盖。他一定有和谐的优势，所以在姐姐对他咆哮的时候，他选择静静不语，而不是马上回击，等我们都平静了，他才娓娓道来缘由。他说："我是怕你们会说我。我也忘记放在哪儿了。"我看见女儿见我着急，也开始找寻，并邀请儿子一起加入沙发搜索小队。

而这些，刚才我都忽略了，孩子们的优势被我通通抛诸脑后。当把注意力从负向转为正向，我开始看到全貌，并且迫不及待地想去抱抱孩子们，加入他们的笔盖搜索队。没想到一转身，两个孩子带着灿烂的笑脸向我传来了"捷报"："妈妈，所有的笔盖都找到了！蓝钢笔，你送我的清华的钢笔，还有这支钢笔的！我们在茶几上的果盘里找到的！"

"哎呀，我一下就松了口气，太开心了。你们怎么做到的？都运用了哪些优势呀？"我惊叹道，内心想：看，并没有出现我之前自编自演的"会花很多时间找，甚至永远找不到，无法和姑丈交代"的恐怖剧。

女儿说："我就把那些纸折成更小的形状，少占地方，免得挡住要找的笔盖。这算创造力吧！还有我抱着好奇心在找，到底在哪儿呢？"

我说："原来它们都在果盘里待着，说明弟弟有心，给它们找了一个漂亮的家，就是有点神秘，花了一些时间找。"

女儿说："妈妈，你也帮忙收拾了，也有提醒我们。我们应该还用了洞察力，哈哈，笔盖没有逃过我的火眼金睛。"

当我看见并主动指出孩子的优势时，孩子也反过来看见了我。

我说："是呀，你还用了领导力，发动弟弟一起，居然让弟弟情绪平复了，和你一起合作。那我们还可以发挥什么优势，想办法让笔套不再和我们躲猫猫了呢？"

女儿说："以后我用的时候，就把笔盖套在笔上，或者就固定地放在桌上，自我规范一下。这次寒假，我没有带笔袋，要不我用布缝一个美美的笔袋吧！"

"太好了，这样你又可以发挥创造力和追求美的优势了！"我们三个开心地击了掌，抱在了一起。

当我们有意识地创造环境和经历，培养孩子的优势，让孩子可以经常发挥优势，就是在帮助孩子构建支持优势发展的大脑区域。韦仕敦大学的研究表明，许多积极的品格优势（如利他主义、同情心、关爱他人）基因和环境的影响各占50%。科罗拉多州立大学的迈克尔·斯蒂格（Michael Steger）博士也有类似的发现，他认为基因对性格优势的平均贡献率为40%，所以我们有一半以上的机会通过后天的努力来发展优势，让其更加蓬勃。

以往人们认为智力由基因决定，是不变的。而现在，科学已经证明大脑一直在持续发展变化，即便进入成年期，也在不断变化。神经学家将其称之为"神经可塑性"：如若把大脑想象成动态互连的电路，人们每一次思考、感受或者行动时，就会有多条神经电路开始工作，其中一些电路相当顺畅，那些是已养成的习惯，即我们已建立的熟悉的思考、感受和行动模式。每一次我们以特定的模式思考、感受或行动，都在加强那条特定的神经通路，使其更为顺畅。

有意识地在新的领域发挥优势就像创建一条新的神经通路。刚开始如涓涓细流，若缺乏反复练习，涓涓细流则容易消失不见；反之，明确而有意识的规律练习会让涓涓细流变成小溪，汇聚成河，让这条新的神经通路强化粗壮。无论是在画画中展现创造力、在舞蹈中运用欣赏美和卓越、在做数独时发挥思维能力、在写作中调动同理心和洞察力，抑或是在人际互动中展现出领导力，这些优势（闪光点）的神经连接都在随之牢固；多个优势（闪光点）可以将不同大脑区域如网络般建立关联，连接起与之相关的运动功能、感官信息、抽象思维，以及情绪神经通路，就像一条条闪亮的"钻石通路"。"钻石通路"的拓宽，又会反过来进一步强化优势，使其更加闪光耀眼。这就是"我选择、我体验、成为我"的过程。

做到以下三点，有助于高效能、事半功倍地形成和拓宽"钻石通路"。

1. 明心见性

揭开面纱，打开智慧的心，把注意力从劣势转移到优势上，专注练习，则能见到自己和孩子的真性。和孩子一起，各自想象一个自己的优势转换键，描绘出具体形状、颜色和大小，这样更易轻松地开启优势模式。比如，我想象自己的转换键是一只紫粉色的蝴蝶，扇扇翅膀，就可以发现美；女儿的转换键是一只可爱的黄色小猫，闪亮的蓝色猫眼在黑夜也十分明亮；儿子的转换键是一辆蓝色小汽车，车灯可以帮他探照优势；在我的儿童情商品格课上，有一个孩子用"千里眼"的图景来做自己的转换键，他把"千里眼"画下来，贴在自己的房间门上，提醒自己和家人，多多关注自己的优势。

一家人可以一起发挥想象力进行创意，创作家庭优势图，用不同的形状、颜色，画下自己和家人的优势，这样不仅可以相互提醒，激发彼此随时开启优势探测器，而且更是难得的美好亲子时光。我们家在画家庭优势图的时候，我会邀请每一位家庭成员想象自己的生命是什么。我把自己画成一棵蓬勃的树，粗壮的树干，多彩的树叶，有嫩黄、墨绿，嫩绿，绯红；女儿画了一只可爱的黄色蜂鸟，有一对粉色的翅膀；儿子画了多汁的橘粉色苹果；而老公说他是蓝天、白云、雨露和黑泥土。我们把各自创作的放在一起，刚好组成一幅家庭优势图：蓝天白云下，黄色蜂鸟停在树梢，树叶在甘甜的雨露中舒展，树根深入黑色肥沃的土壤汲取养分，树上结出了多汁的橘粉色苹果。

然后，我们开始充分地寻找机会来发挥各自的标志性优势，由简入繁，从每周刻意专注一项核心优势开始，尝试在不同的情况下使用这一优势。比如，我女儿有创造力、爱、活力、好奇心、公平等优势。从列出优势清单后的第一周，我就开始去看哪些场景可以帮助女儿调动并发展第一个优势即创造力，直到它成为习惯。在女儿喜欢的画画中，调动创造力很容易。但她不喜欢枯燥地背诗，我建议她可以尝试用创造力让过程从枯燥变得愉悦，比如把诗画出来，结合诗歌韵律，用肢体动作把诗舞出来，等等。一周结束的时候，我们就可以将优势图上代表创造力的粉色羽毛画得更长一些。第二周，再试着运用第二个优势"爱"，比如把爱放入写作的过程中、和家人的互动中、家务中，看看会发生什么奇妙的变化。后来女儿发现，几乎每个事项都可以把爱放入，这样可以带来更多积极情绪。依此类推，慢慢地强化和习惯优势模式，这样在行动时就可以自然调动优势，让优势之鸟流光溢彩，展翅飞翔。

2. 慧眼禅心

"慧眼禅心"很接近心理学中对自己和他人的心理觉知力，即能够理解或感受他人或者他物在其所在处境下的心理体验，这使我们有可能看到内在，并接纳欣赏它。

慧眼禅心其实并不高深，而是我们可以在日常生活中时时拥有的状态，把觉知力和专注带入生活里就像打开慢镜头，你会发现值得品味的美好时光俯拾即是。比如，全身心投入地品茶：冲泡前，先观茶，条形卷曲，色泽深墨，芽尖嫩绿、略带茶毫；然后，轻嗅干茶，香味浓郁怡人，抑或淡雅舒心，让茶香沁入身心，舒畅周身；开汤冲泡，看茶叶在杯中翻滚沉浮，茶叶在水中慢慢伸展，色泽回绿，墨绿带有宝色，把透明的泉水转为琥珀色；轻酌一口，泉美茶香溢，每一泡的滋味又有微妙不同。一杯茶，拿起放下，一如人生。只有亲自品验，细细感受，方能品味出属于各自的自在和喜悦。

带着慧眼禅心，做一件事，爱一件事，在其中自然而然也就锻炼了优势。不论是看书、弹琴、画画、插花、瑜伽冥想、写作，还是做家务，比如洗碗的时候，觉知手腕如何转动，清水如何流经你的手，将油渍一一洗净，皆可享受当下，皆可有幸福流转。

引导孩子带着一份慧眼禅心，投入运用优势的当下，充分体验其中的感觉，这份专注的觉知力会帮助孩子延长注意力的持续时间，保持注意力的集中，形成坚定积极的自我认知。不论是学习，还是徒步、骑行、旅游、看电影、听音乐会、赏话剧和芭蕾舞台剧、玩游戏，抑或是漫步公园，躺在草地上放空，看看天上的云和树上飘落的樱花瓣……都可以更充分地增强孩子在发挥优势时的幸福感，激发如泉涌的积极情绪，增强优势神经通路。而这些都会在孩子遭遇坎坷时，像电量满格的蓄电池一样，源源不断地给气馁的孩子充电，使其积极地面对。

有时候孩子无法长时间保持注意力，也不用太担心，因为孩子的注意力和年龄有关，孩子越小，注意力集中的时间越短，2 岁大约能持续 7 分钟，3 岁大约能持续 9 分钟，这个数值也只是个参考的平均数，具体时长和孩子的兴趣与状态也有关系。我们可以提醒孩子通过下面简单的三步自我觉察并回到专注的状态：①把注意力集中在当下原本在投入的事；②注意到从何时起，开始思绪缥缈；③让注意力重新回到原先那件事上来。这个过程就像放风筝，刚开始拉着风筝的线，想要把它放高，非常投入，比如你正在集中精力画画，想法、感受、知觉完全是当下的。但是，可能听到隔壁的电视声，或者闻到厨房的香味，注意力被声音和香味带走，思绪飘散，风筝慢慢地飘远了。这时，你会感到那根线的拉扯，于是你知道自己的想法已经出离当前的状态。线的拉扯提醒你，轻轻地把风筝拉回，让你的思绪回归到了当下。风筝多久飘远一次不重要，重要的是，孩子是不是能把它拉回来，而不是随它飘散，最后断了线。

3. 人生得意须尽欢：感激 + 回味

除了在事前按下优势转换键，在事情发生的当下细品，我们还可以通过事后的感激和回味来继续增强优势的神经通路。第一章中提到的品尝和回味积极情绪、收集积极事件、制作积极档案、记录每日三件好事等，都有助益。在一天结束的时候，问问孩子们今天有什么开心的事情发生，分享一下值得他欣赏、回味的事情，总结一下所取得的成绩里都运用了哪些优势。如果得到了别人的帮助，按下优势转换键，看看对方用了什么优势帮助到自己。晚餐的时候，一家人相互感谢一下，或者挑一天一家人容易聚齐的日子，专门来相互分享和感谢。你还可以设计个爱的账户，或是爱的存储罐、感激涂鸦板，来增加仪式感，增进爱的流动。比如爱的存储罐可以这样来做：腾出一个罐子，让家人们在各种彩色的纸条上写下感激的事情，放进罐子。罐子满了以后，一家人一起到公园的草地上，或者你们喜欢的咖啡厅，把所有的纸条倒出来，一一重读重品那些美好时光。

那之后，如果你愿意，也可以讨论彼此如何进一步发挥优势，相互帮助，共同协作，可以调用洞察力，制定计划、规则，以此互相提醒鼓励，支持彼此的梦想，让家庭优势树更加蓬勃。欣赏和感谢他人对提升主观幸福感有重要的影响，欣赏他人的性格优势能给他人和自己都带来快乐，也可以优化人际关系，带出积极的情绪，使行动更有方向，更专注于积极的事情。

总之，只要你真心关注孩子的兴趣和激情所在，了解孩子的能力，让孩子认识到个人优势的宝贵之处，就能帮助孩子让生命更加多姿多彩，丰盛绽放。

✔ 优势培养小练习

1. 读完本部分，你有哪些心得体会？准备如何从优势出发，培养孩子呢？

2. 回想一下你成功教育孩子的某次经历，把这个故事写下来，详细地描述一下：你说了什么，做了什么，感觉如何，孩子的反应如何，这对你的孩子有什么影响。

现在写下你在这次积极体验当中所运用的优势。

3. 和家人一起，在下面创作你们的家庭优势图。

4. 找一件事，带着一份慧眼禅心合力去做。事后，在下面记录，感激和回味行动中的感触。

让孩子成为独特的自己，需要我们看到每一个孩子都是独一无二的个体，有着他们独特的样子，拥有他们自己不同的内在力量，帮助而不代替，分享而不教导，尊重孩子的真性。

二宝 5 岁生日之际，选了一个 DIY 手工木质机械 3D 传动装置做礼物，近 300 片精致的小木片，全部需要手动组装，这是一个"巨大"的工程，远超过他的能力范围，即使是成人也要用近一天时间才能拼装好。大宝自告奋勇要帮忙拼装。而对各类动手拼装敬而远之的我也"被迫"入伙，因为说明书上写着适合 14 岁以上，14 岁以下的孩子需大人陪同。既来之则安之，我调动自己的优势：爱、好奇心、希望、欣赏卓越等，带着专注的状态投入，享受亲子时光，代替不情不愿。

刚开始，气氛很融洽，二宝时不时给我和姐姐爱的抱抱，感谢我们的帮助，并愉快地投入到找各种零件，并把零件从拼装板上抠取下的工作中。大宝发挥领导力，负责主要工作，根据说明书，进行拼装。我负责打下手，一些需要用锤子加固的力气活儿和精细的技术活儿由我来完成。我惊讶地发现孩子的动手能力和观察力远在我之上。时间很快过去了三四个小时，我们都沉浸其中，感受到通力协作和专注的愉悦。

突然，一个小零件被大宝用力过猛不小心折断了，她马上自责地说："哎呀，糟了！断了！妈妈说少一个零件好像都不能完工。"一边懊恼，一边想办法，找了透明胶进行了细致的补救工作，最终完美复原。

没一会儿，大宝催着二宝："快点，把那个零件抠下来给我。"那个零件因为太细，只有 2 毫米宽，5 厘米长，二宝抠的时候，不小心也弄断了一点，大宝着急了，声音也变得大声："你怎么回事啊！怎么搞断了！你自己把它修好！哎呀，算了，你别搞了！我来！"过了一会儿，又说："哎呀，你怎么不帮忙？就在一边看着。把那个拿给我，还有刀，胶带……"声音越来越大。

我看到二宝默默不语，一下爱怜之心升起，就说了大宝："你刚才叫他别搞，现在又说他不帮忙！你刚才自己搞断的时候，弟弟和我也没有说你啊！"

那之后，每次大宝大喊着命令二宝的时候，我就总想向着弟弟，无法中正，心生烦躁，心里各种声音扑腾："凭什么都要听你的呀！你看你弟那么配合你，你怎么没有一点感激呢？你怎么就不能也配合一下弟弟的节奏呢？同理心都去哪儿了？

怎么就不能包容点儿?"看着默默不语的二宝,我又仿佛看到小时候憋着不敢哭的自己,而看着大宝,她好像化身成了小时候那些指责我的声音。我忍不住对她吼了起来:"你就不能温柔点?自己不能拿吗?什么都要弟弟递送!"

大宝说:"我在帮他拼呢!"

我说:"那也是你自己要帮的,他又没有喊你帮!"

大宝彻底生气了,说:"你什么意思啊!"

我深呼吸了两口气,这才意识到投射又来作怪了,比较和评判之心迷住了我的双眼。调整后,我看见眼前的小儿子似乎并没有怨气,还是平静地在拿取零件,心甘情愿地帮姐姐鞍前马后,而我因腰酸背痛已经不想再继续拼装,他俩却完全没有停下来的意思。所以我暂且退到一边,休息了1个多小时,而大宝又把一些极其精细的轨道和轨道护栏全部进行了安装,丝毫没有要松懈的意思。

看着这两个孩子,我细细一想,他们虽是同样的父母,却真的很不一样。

大宝从小就很敏锐,婴儿期时,米糊烫一点,她就会哭,摇摇头不吃。心思细腻,很有同理心,会在我们不开心的时候倾听我们,听到奶奶跟弟弟说"不要一有点不开心就哭,小孩子哪有那么多不开心,你看隔壁家那几个小朋友,天天都在外面玩得高高兴兴的",她会带着弟弟去附近的田野散步,和弟弟说:"想哭就哭,不用和其他人比,就做你自己。"她知道避开奶奶说这些话，免得奶奶不高兴，又及时地帮弟弟疏解了情绪。同样，这样的她，一有不开心也会立刻表达出来，对自己的要求很高，也很能坚持。所以她会给自己压力，也会指出弟弟的不足，有时搞得弟弟很沮丧。

而二宝从小似乎就很宽容，我总觉得他像一尊小佛似的，什么都看在眼里，却不动声色，米糊烫一点，也吃得很开心。两个多月的时候，家里来客人，他自己躺在榻榻米上，也可以自己玩 2 个多小时不哼唧。哪怕姐姐才凶了他，一转头他就像没事人似的，姐姐再来找他，他依旧和姐姐玩得不亦乐乎。我对他发了火，和他说"对不起"，他也很快就回应"没关系"，似乎除了生病时容易哼唧，日常凡事在他那儿都无甚挂碍。但他不会在我难过的时候，如姐姐般坐在我身边默默地倾听，如姐姐一样有爱的告白。通常这时候，他都没事人一般在旁边看书看得入迷，认真地做着自己喜欢的事情，沉醉其中。但他非常喜欢帮助别人，我找东西的时候，或者我需要某样东西的时候，他会说："妈妈，你等着，我去给你找，我去给你拿！"

按下优势转换键，我想，我刚才并没有真正接纳大宝因为追求卓越带来的着急，也错失了欣赏二宝气定神闲、宽容大气的风采。他们各自有各自的精彩，而我不可能要求他俩一样，要求二宝像大宝般心思细腻，或者要求大宝像二宝般宽容大度。他们各自有各自的风采和优势，只需成为他们自己。

再看看眼前的两个孩子，当我退出后，他俩有说有笑，好

得不得了。我们如何看待孩子，和他们互动的方式是他们确认
自己"独特"的重要来源，因此，我们可以时常想想："孩子
都是独一无二的个体，他们有着怎样的相同，又有着怎样的不
同？他们的激情、快乐在哪儿？天赋优势和努力放在了哪里？"
带着这样的觉知，相信我们的孩子会在幸福和温暖的港湾里，
遇见真实的自己，最终各自绽放，各放异彩。

我曾经遇到一些学员，他们说："我完全不知道什么事对我来说有意思、有激情，且是我擅长的，从小父母就让我听话，我总是压抑自我，所以我完全找不到自己，感觉自己就像行尸走肉，更别说给孩子做好榜样了。这样的我，如何陪着孩子成为他自己呢？"人本主义心理学之父亚伯拉罕·哈罗德·马斯洛（Abraham Harold Maslow）坚信："一个人如果不能时刻倾听自己的心声，就无法明智地选择人生的道路。"也许我们过往自己的心声总被长辈和曾经的自己所忽视，但现在，成年的自己是可以有力量、有选择地把自我找回来，达己成人。

1. 描绘人生地图

人生之难，往往在于"知"和"行"上出入很大。当局者迷，旁观者清，如果你正迷惑，不妨试试人生地图，它就像生活的镜子，可以帮助我们对自己保持诚实，拒绝忽视，坦诚地面对自己的内心，从而达到更高的自我一致性，也可以带来更多的幸福。

首先，每天花点时间记录下当天的生活，除了记录美好的事情，也记下一天经历的其他事项，同时问问自己："我做的事情对我有意义吗？它们能给我带来乐趣吗？我的内心是否鼓励我进行不同的尝试呢？我的内心是不是在提醒我需要做一些改变？"记录下这些事项带来的快乐和意义，可以帮助我们找到心中期许的幸福模式，从而离自己想要的、有意义的人生更近。

我从 2014 年初开始这样的练习，每做完一件事情，我就记录下其中的感受，每天结束前，花几分钟整体回顾、反思一天的内容。这让我越来越清晰：哪些是我不得不做的，哪些是我有一点想做的，哪些是我很想做的，哪些是我最想做的。我也会时常问自己：在最想做的事情上是否真正地付出过？是否有运用自己的优势？

每周结束时，我们可以汇总起来画一个图表，上面包括自己所做的事情、其意义和快乐指数，以及所花的时间、日后的调整，如果希望日后花更多时间就写"＋"，增加很多时间标上"＋＋"，反之标上"－"。表 1 是一个图表的例子：

表 1

活动	意义 （0~5）	快乐 （0~5）	时间/周 （用＋－表示想 增加或减少）	想做的程度 （－10~10）	运用的优势
和家人相处	5	5	15 小时＋＋	8	爱、活力、真诚
备课	4	4	11 小时 ＝	7	欣赏卓越
看朋友圈	2	1	8.5 小时 －	3	社会智能
看书学习	5	4	14 小时 ＝	9	好学、好奇心
讲课	5	5	24 小时＋	8	希望、社会智能、 爱、真诚、同理心
瑜伽＋冥想	4	5	7 小时＋	10	灵性、希望、爱

孩子们的学习和生活相对简单和规律，我们可以用更生动的方式来绘制他们的人生地图，通常可以邀请他们自己来创意这个表格。比如，他们会提出用不同的颜色、图案来代表他做那件事时的心情和愉悦度。

通过互相分享表格，可以增进我们彼此的了解。哈佛幸福课的讲师泰勒·本－沙哈尔（Tal Ben-shahar）说："增强幸福感最好的方式就是尝试，汲取经验，同时关注内在的感受。"当我们留心去倾听我们内心不同的声音，我们就可以活出自己喜欢的样子，也陪着孩子成为他自己。

2. 拥抱自己，爱回自己

除了第二章里介绍的和自己情绪相处的方式，这里再给大家介绍 2 个爱自己的小练习，它们都曾在过去几年的时间里，

大大地帮助我认识自己、悦纳自己、拥抱自己、爱回自己。当
我们把自己爱回来，就有了更多的能量去陪伴孩子成为他自己。

✔ 萨提亚自我环小练习

萨提亚的自我环可以让我们走向平衡。自我环有八个方面
（见图6）：感官、情境、灵性、智性（心智）、情绪、身体、互
动、营养。通过这个练习，我们探索自己，找到平衡。

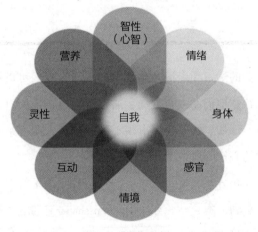

图6 自我环示例

拿出一张白纸，我们将在白纸上画下一朵自我之花来呈现
自我环。在你画之前，先阅读以下的文字：花心的圆上写下
"自我"，每读完一个方面，就闭上眼睛，做三个深呼吸，连接
内在，想象自己这个方面是怎样的一个花瓣，形状如何，大小
如何，何种颜色，并把它画下来（图6只是一个示例，无需按

照上图的顺序，你的直觉会告诉自己想把各个部分画在哪儿，用什么颜色，花瓣的大小也可以不同）。我们将画八片花瓣，分别代表自己当前状态下的八个方面。

（1）感官，指的是五感：嗅觉、触觉、听觉、味觉与视觉。当你用耳朵听、眼睛看、鼻子闻、嘴巴尝、皮肤接触和运动时是否有任何规条？

（2）情境，是指你所处环境的颜色、声音、光线、空气、温度、形式、空间、地点和时间。你每天会在哪些地方呆？你会在居住的环境和工作的环境里待多长时间？以上的各项给你带来怎样的能量？你是否曾经发现自己到了一个新环境，因为不知道新地方的规条，不确定该怎么做？

（3）智性（心智），代表思维、理智、逻辑。你如何用肯定而有价值的方式来描述自己的智性（心智）？你会用怎样的防御来保护自己的弱点？

（4）身体。你的身体状态如何？当其他表达管道被阻塞时，你是否会用身体表达情绪？你的家庭对身体方面有什么信念规条？有哪些部分是你永远不该碰触、观看和谈论的？

（5）情绪。一种感受与察觉到我们所处世界的能力，对世界表达感受的能力。在你的世界中，有哪些有关情绪的规矩？是否有些情绪可以被接受，有些不能被接受？

（6）互动，是指我们的人际互动，我们与其他人以及自己连接的能力。互动发生在三个层面：身体、口语、非口语。当你的感受在说话时，你会倾听吗？会察觉吗？会接纳吗？当你的身体在对你说话时，你会倾听吗？会察觉吗？会接纳吗？你的家庭是否设了谁与谁谈话、何时谈话，以及谈些什么话题的规条？

（7）营养，指我们摄入的固体和流质食物。你会留意你所摄入的食物品质以及营养均衡吗？这些营养如何支持你的身心？

（8）灵性，指的是生命能量、精神、生命力，一些比我们的肉体更强大的力量。比如，孩子被重物压住，妈妈拼尽全力，似乎获得了一个比她自己更强大的力量，将她平常完全推不动的重物推开了。萨提亚说："人类需要把自己看成是值得爱的单纯奇迹。"你的灵性信念如何影响自我环的各层面？你的家庭系统容许不同的灵性信念吗？

画完以上八片花瓣，邀请你看着"自我环"的每一个方面并思考，你如何滋养它？你能否欣赏每一个部分？对每一部分知道多少？对哪些部分需要知道更多？你又会如何来画中间的"自我"呢？

自我环的每一个方面都是我们的资源，但是我们常忽略了和它们之间的关系，没有充分运用优势来调动资源。要时刻记住，这些都是我们的资源。现在，邀请你想想，自己如何从现状到一个理想的状态。你可以给花朵画上枝叶、土壤，调整花瓣的大小、形状、色彩。比如，原来代表情绪的花瓣很小，很萎缩，你希望今后有更多情绪的流动，让自己更充沛，就可以把花瓣画得更舒展、绽放，一边画一边想想，可以做些什么让它从现状到自己喜欢的状态，从而让自己更平衡，更丰盛。

在工作坊中，我们还会通过冥想等方式来探索自我环。常常听到伙伴们说："这样的探索好奇妙！我就这样画出了自己的内心，连接到自己的不同方面。做完之后，我对自己升起好多爱和喜悦。我觉得自己是有能量、有力量的。在练习完的一个月里，我都会去留意自己的这几个方面，真的离自己喜欢的状态越来越近。"

✔ 爱自己日记小练习　◀　◀◀◀▪▪▪

这是我在邱丽娃老师那里学习到的。在觉得自己的爱箱快空的时候，持续写一段时间的爱自己日记，也是把自己爱回来的一个方式。你可以直接写下今天发生的事，接纳自己的负向情绪，比如着急、累、烦；再记录自己今天的一个积极事件，写下自己欣赏自己的部分，发挥了哪些优势，达成怎样大大小小的成绩；如果你今天做了很不容易达成的事情，别忘了记录下第三个部分，即我敬重自己……

你也可以先静坐冥想，把这当作日记开始前的小仪式，准备好自己的身心。然后按照下面的步骤，帮助你把自己好好爱回来。

Step1 回想一件今天让你感觉不太愉快的事。这个事是什么？自己在其中的负向情绪是什么？以"我接纳"开头，记录下来。

我接纳

Step2 回想一件今天的积极事件，写下自己欣赏自己的部分。比如：在清晨时分的锻炼，和爱人的拥抱，和孩子的亲昵，或是一次坦诚的对话……其中你发挥了哪些优势？达成怎样大大小小的成绩？

我欣赏自己

Step3 如果你今天做了很不容易达成的事情，这值得好好记录。写下自己敬重自己的部分，包括自己发挥了哪些优势，如何达成这样的成绩，比如是凭借从困境中崛起的经验，还是一次成功，等等。

我敬重自己

最后，你可以在心中默念：

"我接受我自己，就像我此时此刻所有。"
"我欣赏我自己，就像我此时此刻所有。"
"我非常敬重我的生命、我的存在、我的自我。"

本章的最后，祝福大家都能有一种怡然自得的生命状态，这样的生命状态就如萨提亚在下面这首《我就是我自己》里所写。

我就是我自己

我就是我。

这个世界上，没有一个人完全像我。

有一些人某些部分像我，但没有一个人完全和我一模一样。

所以，一切出自于我的都真真实实属于我，因为那是我个人的选择。

我拥有我的一切：

我的身体，以及一切它的举动；

我的思想，以及所有的想法和意念；

我的眼睛，以及一切看到的影像；

我的感受，不论是什么，愤怒、喜乐、挫折、爱、失望、兴奋；

我的嘴巴，和一切从口中所出的话语，温文有礼的，甜蜜的或粗鲁的，对的或不对的；

我的声音，喧嚷的或轻柔的；

还有我所有的行动，不论是对别人或对自己的。

我拥有我的幻想、我的梦想、我的希望和我的恐惧。

我拥有我所有的胜利与成功、所有的失败与错误。

因为我拥有全部的我，我可以和自己成为亲密熟悉的朋友。

由于我能如此，所以我能爱自己，并且能够友善地和我的每一部分友善相处。

那么，我就可以使我整个人的运作状态，带给自己最大的幸福。

我知道自己有些地方让我困惑，也有别的部分是我也不明白的。

不过，只要我友善地爱我自己，我就能勇敢地、满怀希望地寻求途径来解决这些困惑，并且寻求方法以期更了解自己。

然而，不论我在任何时刻，看起来、听起来如何，不论我说什么、做什么，或想什么、感受什么，这都是我。这是真实的，而且代表了那个时刻我的状况。

稍后当我回想当时我是如何看起来、听起来的样子，自己所说的话和做过的事，

还有自己的想法和感受，有些可能已不再合适了。

我能够摒弃那些不再合适的，而保留那些经过证明后合适的，并且再创造一些新的来取代被我摒弃的那些。

我可以看、听、感受、思考、说话和做事。

我拥有工具足以生活下去、与别人亲近和富有生产力，并且能够使我周围的人事物呈现出意义和秩序。

我拥有我自己，所以我能掌管我自己。

我就是我自己，而且我很好。

养育
幸福
小孩

第四章

成就
与意义

自古以来，人们都对成功和主导权有所追求，谓之成就。积极心理学研究表明，成就是实现幸福人生的重要来源。成就，是行动的同时，朝着固定的、特殊的目标前进。成就感是蓬勃人生的重要元素，可以激活幸福模型 PERMA 的其他元素，比如积极情绪中的自豪。成就感可以基于个人、群体，可以基于兴趣，基于学习和工作。

解开桎梏，让孩子从「要我学」到「我要学」

随着内容知识和科学技术的日新月异，创新技术变革扑面而来，人们进入了 VUCA 时代，即易变的（Volatility）、不稳定的（Uncertainty）、复杂的（Complexity）、具有极大的模糊性（Ambiguity）的时代。工业时代的工作模式正在飞速地消失，人工智能在知识和众多技能的处理速度上大大超越了人类。我们的孩子将来有 65% 的工作是我们现在这个时代还不存在的。新时代对如今的学习者提出了前所未有的高要求，创造力、同理心、沟通协作能力、解决问题的能力、批判性思维变得至关重要。而学习者学习的根基是什么呢？分别是内容知识、技能和内驱力。

这三点，哪一点最重要？我问过很多父母这个问题，大部分回答的都是内驱力。确实如此，这三个部分最为重要的是内驱力。积极主动的大脑，就如同海绵，可以不断地吸收新的知识，而被动听讲的大脑，很多时候就像漏水的塞子。孩子如果拥有强烈的内在动力，就会不断地去自主获取新的技能和内容知识，坚持一生，成为一个终身学习者，由此可以成就他在这个创新时代的发展。孩子主动，爸妈轻松，关系和谐。

主动性（Initiative）是个体按照自己规定或设置的目标行动，不依赖外力推动，由个人的需要、动机、理想、抱负和价值观等自身驱动下，自己去行动的动力和行为品质。著名的心理学大师埃里克森（Erik H. Erikson）认为，主动性（内驱力）是个体心理社会性发展的一个重要阶段，在孩子 3~6 岁期间就可以形成的一个积极品质。具有该行为品质的儿童，对于外界事物保有好奇，充满兴趣，他们会在父母的鼓励下去积极探索和控制外在的环境，形成目的意识，为他们整个人生、自尊自信以及创造力打下坚实的基础。

孔子曰："知之者不如好之者，好之者不如乐之者。"出于自己的兴趣、激情、价值观、人生意义、自我认同，充满积极情绪地去学习，心理学上也称之为自主动机。

有的孩子会因为喜欢画笔创造出的五彩斑斓，而沉浸其中，画上一个小时也停不下来；有的孩子为解开数学难题的成就感而不断"闯关打怪"，在数学王国里找规律；有的孩子因为着迷于诗歌的美妙韵律，吟诵唐诗宋词，观山水鸟虫，感知生活细处，想要动笔作出自己的诗句；有的孩子因为对文学的痴迷，爱上创作，如饥似渴地博览群书，研究如何遣词造句，写得扣人心弦；有的孩子喜欢舞蹈，哪怕忍受疼痛，压腿，拉韧带，侧身翻，一次次摔倒，只为在音乐中翩翩起舞，成为舞台上耀眼的一道光芒；有的孩子想成为科学家，每次做实验，都感觉是在探索一个个奇妙有趣的奥秘，乐此不疲；有的孩子因为汉服之美，喜欢上中国历史和摄影……

一个7岁的男孩因为听到一个有趣的英国爷爷声情并茂地讲故事，而迷上英语。当他入迷地听着和中文不一样的韵律节奏，甚至觉得那些故事也像一首歌曲，不同于中文的抑扬顿挫，是另外一种语音语调，传递出和我们不一样的文化，吸引着他去探寻。他为旅游中能听懂外国小朋友说话而欢欣鼓舞，为能帮不会英文的奶奶翻译感到雀跃和振奋。

学习内容不单来自课本，也源于生活。当孩子所处的环境是安全的、允许犯错的、有爱的，他们就会很自然地开始向内生长，向外好奇，学习各种新事物，以免沦落无聊之境，并享受学习的乐趣和成就感。受自主动机驱动的孩子，未来成功的可能性也更大。

反之，若孩子的行动受他人控制，完全由外驱力驱使，其行为则是基于受控动机。比如以下场景：

一个3岁的孩子，妈妈为了让他吃饭，满村子追："你不吃，我就拿针扎你了！"孩子长得很瘦小，妈妈说："从来都只吃一点白饭，什么菜都不吃！"

一位高中生说："如果我的爸爸妈妈不盯着我，我没有一点力量让自己坐到书桌前，开始写自己的作业。"

闹铃响了数遍，10岁的孩子却毫无动力起床去上课，除非妈妈拿根鞭子站在床边，他才瑟瑟发抖地爬起来。晚上回家也不想写作业，除非妈妈用玩1小时ipad来诱惑。

更有一些孩子坐在教室里，不想听课，只想发呆，迫于老师的压力，为了避免罚站罚抄，一次次努力把自己的注意力拉回课堂。

很多孩子学习甚至吃饭，都是由外力驱动。他们觉得只有这样做了，才能得到父母的爱和老师的认可；如果不做，就会觉得自己毫无价值，低入尘埃，担心父母不爱、同学看不起、老师生厌。他们面对父母的催促，觉得"累"、压力山大；面对做不出的题目，焦虑不已；面对要上的课，一想就烦，却不知如何应对；他们内心冲突不断，积极幸福的情绪尽失。有些孩子因而借着网游缓解焦虑，觉得在游戏里，自己反而不被批判、控制，能释放压力，甚至在和盟友们并肩作战时，感受到归属感……但这一切他们不想也不敢和父母说，怕换来更多否认、忽视、说教和威胁：

"怎么又在打游戏？马上要考试了，还不做作业？赶紧去写，不要废话那么多！吃点苹果，哎，我一天天伺候你，我还累呢！"（命令、指责）

"老师布置作业是有道理的，温故而知新，为什么不写作业？脑子里就只有打游戏，什么都做不好，你到底能干吗？没做完，不准吃饭，也不准再玩游戏了！再玩，我可断网了！你

这样怎么考上好中学，更别提考上好大学了！你这辈子都要玩过去吗？你怎么就不能清醒一点？"（说教、威胁、追问）

"我觉得你就是懒，就是贪玩，才会不想学习是吧！我建议你先从简单的做起，再做难的！"（批评，建议）

"你看看隔壁家小丽，她怎么就那么乖，那么听话呢？"（对比）

90%以上的父母都说过以上的话，虽然初衷是对孩子的爱，为了孩子好，但很可惜，这些话水滴石穿地在磨灭孩子的自我价值感，将孩子推得更远。孩子在做自己和受控于父母间左右摇摆，负向情绪和对负向情绪的压抑不断地消耗着他们的内在资源，其心理熵值也在攀升。"熵"是力学第二定律中提到的，表示一个物体的混乱程度。比如，冰冻的水放在一个地方，很稳定，不会流动，但是你把它加热到一定的程度，水就变成了蒸汽，到处乱"窜"，越来越混乱，越来越无序。当心理熵值不断攀升，大脑止不住地想很多，却不做"修剪"，任由想法"肆意生长"，渐渐超过大脑承载的极限。这个过程就好像让别人在自己内在的家打了无数架，内在的家具被砸个七零八碎，时间精力被消磨，积极自我消耗殆尽，让孩子状态螺旋下降，内耗不断循环，无法行动，拖延严重，甚至有些会患上抑郁症、厌食症、多动症。

一个被受控动机全面掌控的孩子，各种事情都是别人替他选择，如同被操控的木偶，失去生命力，难以形成真正的自我，更难有自律，成长也就被按下了暂停键。小学阶段，有些孩子在父母紧盯之下，成绩还不错，甚至奥数能排到前几名，但到了初中在校寄宿阶段，没有父母监督，成绩就下滑得厉害，遇到一些挫败，就像无根的树，风一吹就倒。行动做事，不能自主决定和掌控，会让孩子长期忍受负向情绪的煎熬。不管别人为他做的选择有多"正确"，那都不是他自己做出的选择，更别提为自己的选择负起责任。长期强压下的反噬，就像一辆方程式赛车长期被牵引绳拉着向前，如今牵引绳断了，赛车自己的引擎也已生锈损坏，就会停滞不前，遇到上坡路，只能后退。

只有解开全面掌控的桎梏，把孩子的主权交还给孩子，不用外动力来代替孩子本身的内动力，让孩子自己做决定，找到他的兴趣激情所在，找回"我能选择自己做的事"的自主感，他才能够逐渐发展出真正的自我和自律。如明代哲学家王阳明所说："此心具足，不假外求。"真正的教育，能够让孩子保有真我和健全人格，并提升孩子的内驱力。当孩子有强烈的内驱力时，他就有一个强烈的自我动机，不断促进他去学习知识，掌握新的技能，付出行动，绽放潜能，不断地帮助他形成积极自我，养成自律而非他律。

保护孩子内动力，陪作业不崩溃

我们已经知道让孩子保有内动力有多重要，但要真正做到并非易事。就拿最容易让父母们鸡飞狗跳的陪写作业来说。许多父母都会抱怨："孩子怎么就不能让我省点心，按我排的时间表自觉完成作业？一点都不自律啊！"打也打了，骂也骂了，无甚效果，深感挫败。其实这里面有一个悖论，孩子按照父母定的时间表完成，形成的依然不是自律而只是"他律"。如何停止越俎代庖，保有界限，给予孩子真正需要的支持和爱呢？

首先，我们需要觉察自身为何面对孩子的作业容易崩溃？有没有把自身的焦虑投射到孩子身上？应试教育下，有升学压力的地方就有焦虑。表面看，陪写作业时鸡飞狗跳是家长和孩子的冲突，其实惊涛骇浪之下，引发海啸的还有三座让焦虑升级的火山：

第一座火山，是自身和权威的冲突。家长不愿意变成老师的监工，监督孩子写作业，但敢怒不敢言。敢对孩子怒，不敢对老师言。我遇到过很多家长，因为惧怕老师的权威而长期隐忍，比如有些老师会让家长陪写作业，家长觉得自己不得不管孩子的作业，而孩子又不让陪，家长夹在中间很为难。家长无法处理自己对老师权威的紧张和压力，就把情绪发泄到孩子身上。

第二座火山，是自己内在的冲突。我们容易把对自己的不满意、不自信，投射到孩子身上，接纳不了自己的现状，也怕自己耽误了孩子的人生。或者反之，自己曾经是"学霸"，难以接受孩子是"学渣"，怕孩子上不了高中、读不了大学、人脉和眼界受限，过得不如自己。

第三座火山，在于 VUCA 时代带来的巨大不确定性，传统教育与创新世界的鸿沟在加深。美国著名哲学家、教育家、心理学家约翰·杜威（John Dewey）说："如果我们像过去一样教育，就是在掠夺孩子的明天。"而当前的教育体制主体是在1893 年设计，用来训练高效、整齐划一的工人，以适应工业革命的。但 AI 时代，面向未来的教育需要培养无法被人工智能取代的能力：创造力、批判性思维、同理心、高效沟通协作力、自我觉察力，解决实际问题的能力。而当前的作业大多是题海战术，与以上能力的培养背道而驰。

四年前，三座火山曾在我身上同时喷发。河东狮吼了几次的我，痛定思痛，坐下来，梳理自己的情绪，倾听自己。"你不愿意监督作业，乱了界限，破坏孩子的内动力。"我发现身体的紧绷在诉说自身从小到大累积的对权威的恐惧，曾经看到的老师打同学、贬低同学的记忆也深深影响着我，目睹暴力等同于被暴力，正因如此，不想被老师指责，努力获得老师的认可，但心底又不想被控制。而我把累积的这部分紧张一并投射到孩子老师和孩子身上。当我放下心中的剧情，停止投射，我开始试着和老师们更多地沟通交流，倾听她们的不易和巨大的工作压力。

教师收入不高，付出的却是脑力和体力的高强度劳动，如果没有一份热爱在里面，并不是每个人都能够坚持下来的。每天除了要面对那么多的孩子，还要面对来自于体制内的、学校的、上级的各种规则评比等，这些都非常不容易，更别说还要面对 90 多个家长的沟通，这些对于任何一个人来说，都是艰巨的任务，相当于管理了一个中型企业。所以老师们也很希望得到家长的支持。老师也是人不是神，老师会有情绪，老师也会对不同的孩子有不同的感受、不同的接纳度，没有办法做到完全的公平，也没有办法完全没有情绪，如果这些都做到了，老师就是神不是人了。绝大多数老师对待工作都是非常负责、非常用心的，为此也付出了很多。

在倾听和肯定了老师之后，老师在我心里从一些刻板印象中走了出来，变成了活生生的立体人，我也敞开地向老师表达了自己的担心和界限顾虑，我们得以在人性上相遇、感受上连接，并在交流后，拥抱了彼此。我发现老师们其实没有想象中的可怕，他们也在学习成长，有时候也会不知道怎么做更好，老师和家长都希望孩子能健康成长，需要的是合作而非对抗。这层冲突解开后，我的焦虑紧绷度一下从 10 降到了 3。在和谐关系的基础上，多多信任老师，在无问题区，多多分享自己的想法和价值观，这样家长和老师的合作也就变得更加轻松容易。

面对第二座火山，我也曾后知后觉。一次在河东狮吼后，和女儿如实告白："对不起，妈妈觉得很挫败，凶完你，我也很内疚自责。"最好的教育就是接受自己的不完美和孩子一起成长。自我觉察和孩子的体谅，让我决定放下"我要为一个生命完全负责"的念头，停止横向对比，看到眼前的孩子，看到他和昨天有何不同，有怎样的进步和优势。这给我带来了很多惊喜，垫底的学渣开始步步向上。

面对第三座火山——VUCA 时代的巨大不确定性，我选择带着迷思，寻找破局之路。在教育纪录片《极有可能成功》中，我看到孩子们是如何做到以深刻的、积极的方式去学习，且保有动力、热情和好奇心的。此外，哈佛大学创新实验室专家、斯坦福大学教育学教授，还有国内许多教育创新者，都在开拓新路。这些年，我走访这些教育创新者，实地探访创新学校，我发现除了高考这条千军万马过的独木桥，还有许许多多其他的可能性。

这些探索帮助我告别了心中对第三座火山的恐惧，选择相信孩子自身的力量；告别了精细化管理孩子作业的每个细节、每个步骤，选择让他们有机会自己去尝试，为自己负责，变得独立。与其为未来的不确定性焦虑、着急，不如承认当前的教育体制是我暂时无法改变的，而我能改变的是我如何支持我的孩子。

这些年，我总结出的陪写作业不崩溃的定海神针心法就是同理心。用同理心倾听接纳自己，把三座火山熄灭，自己心稳了，就能去同理孩子，孩子也就稳了。

同理心，不是当孩子说"作业好多，我不想做了"，你说"怎么那么懒，快去做，废话那么多，温故而知新"。这就像你要下班了，领导还安排了一堆活儿让你继续加班干，你和老公吐槽："活儿太多了。不想干了。"而老公却说："你就是太娇气，快去干活儿，干完才能吃饭哈！"你一定觉得很心塞。

同理心是用耳倾听，用眼观察，用心感受，将心比心，与他同频，理解孩子此刻的累就像你忙了一天回家还要加班的累。

二年级时，有一次孩子放学回来，特别苦恼，说："妈妈，今天的作业实在太多了，我都没有时间读《哈利·波特》了。"

当时我就运用了第一章中的积极倾听，接纳了她的情绪："你觉得好烦，作业多得都没有时间阅读了。"我没有给建议、命令、指责、威胁，没有站在她的对立面，而是和她保持同频。当我带着同理心和真诚接纳倾听孩子，帮她释放压力，也就成为她温暖的港湾，为受挫破洞的小船注入了爱，小船就能从沮丧挫败中更快恢复，重获力量，再度起航。

"对啊！阅读很重要，也是我喜欢的事情，可是作业实在是太多了，都要做到八九点。"然后，她突然眼前一亮地和我说："妈妈，我可以提前在学校把作业写完啊！"

但下一秒，她又懊恼地说："可是老师每天都是最后一节课，快放学的时候才把作业写在黑板上。"

没想到，过了一会儿，她拿着作业记录本，激动地和我说："妈妈，我观察了一下老师每天布置作业的规律，语文基本就是预习、查字典、组词、做练习册，数学是口算、练习……我可以预估下老师的作业，在早上大课间休息的时候，提前开始做！我也去请教下做作业做得快的同学是怎么做到的，我一定要争取在放学前做完作业，回来就可以看书和玩儿了！"

学海无涯苦作舟，带着同理心倾听是孩子无涯学海的定海神针，虽然最终没有改变孩子作业多的事实，却让孩子有了积极面对作业的力量。将需求转成动机，有了自己想要达成的明确目标，就能促成行动朝目标努力。第二天，她真的提前完成了作业，得以在回家后畅快地阅读和放松。有时预估错误，她就自我调节，"没关系，相当于提前把明天的作业做完了"；甚至有时，她还会觉得"作业都做完了，也挺无聊的，再提前做些明天的，就当预习了"。

我们也会一起探讨时间管理、习惯养成的好方法，比如怎样拆分任务，让任务进展更加可视化、更有挑战的乐趣和兴趣。在孩子需要的时候，提供即时反馈，肯定她的成功之处，提醒她可以提升之处，如"下一步还需要做出哪些改变"等。但绝不是自己全权掌控，而是协助并非代替孩子完成提升。渐渐地，她在学习上养成了设立目标、制定计划、积极行动的习惯，也开启了高效完成作业模式，哪怕四年级作业陡增，也基本能在学校完成。

父母的终极目标之一就是用爱给孩子创造一个安全的、充满爱和支持的空间，孩子无需把力气消耗在与我们的对抗上，就多了空间去自我管理，提升学习的独立思考能力、专注力、解决问题的能力、时间管理的能力和自我负责的能力，学习就回归到了本质——让孩子学会如何学习。我相信孩子都是天然的学习者，没有不爱学习的孩子，只有内在的学习开关被关掉的孩子。当看到孩子自己一次次面对困难并从中穿越，站起来，你对孩子的信任会提升，而信任会让孩子更自信，进入良性循环。短暂的陪是为了最终不陪，当孩子的学习习惯形成、养成自律之时，也是我们默默退场之时。时时提醒自己，我不是孩子人生的裁判，只是他这一段生命的引路人和陪伴者，把他的一生当一生看，而不是某一场考试、某一次作业。如此，我们也就从孩子的作业中解放出来了。孩子也从父母的束缚中解放出来，变得独立自主。

建立成长型思维，培养自主学习力

2017 年 12 月，卡罗尔·S. 德韦克（Carol S. Dweck）教授凭借对"成长型思维"的研究荣获首届全球最大的教育单项奖（教育界的诺贝尔奖）——"一丹奖"，因而成长型思维被认为是近几十年来教育学术领域最伟大的、最值得应用推广的科研成果。成长型思维是一种以智力可塑为核心信念的思维模式，坚信智力、能力皆可通过努力学习和练习得到不断提高。现代脑科学（第三章中提到的神经可塑性）为其提供了生理基础。德韦克教授在其 TED 演讲和著作中提到，在其多项研究中，成千上万个孩子的实例，尤其是那些在学业上挣扎的孩子的实例都证实了：仅仅只是给孩子们讲了一节 40 分钟关于成长型思维的课，就能让孩子们更为自信和成功，成绩强势反弹，卓有起色。纽约哈莱姆区的一所幼儿园的孩子接受成长型思维课程后的一年时间内，他们的国家水平测试（National Achievement Test）成绩就飞跃到前百分之五，让人难以想象他们入学时甚至都还不会握笔。在南布朗克斯区，原本远远落后的四年级学生通过成长型思维训练，标准数学测试成绩攀升到纽约州所有四年级学生的第一名。在一年到一年半的时间内，某印第安人居留地的一所学校里的学生成绩从全区垫底跃升为名列前茅，而这个区包括了西雅图市的富饶地段。接受成长型思维训练后，印第安孩子战胜了"微软"孩子；而没有接受成长型思维模式训练的孩子，在面对困难的过渡阶段，成绩持续下滑。

那堂奇妙的 40 分钟课到底发生了什么？事实上，每一个父母都可以很容易地帮助孩子学习到这 40 分钟的内容：用视频学习（比如学习可汗学院的 You Can Learn Anything）、讨论的方式，和孩子们分享大脑的各个区域分别负责什么，介绍神经可塑性的原理（即每当学习新知识、迎接新挑战时，大脑中的神经元就会形成新的、更强的连接，大脑会变得更强大、更智慧），你可以借用"神经可塑性"的原理，帮助孩子们理解成长型思维；再一起动手来画画大脑的不同区域（大脑、小脑、脑干、前额皮质、杏仁核、海马体等），或者用不同颜色的橡皮泥来捏出不同的区域，标注上相应区域负责的长短期记忆、阅读理解、运动舞蹈、创造力、自律、听力、情绪等等以加深印象；你还可以邀请孩子在之后的学习和生活中，每次运用了某个区域，就在那个脑区画上一条新的神经通路，在之后的刻意练习后，再通过加长、加粗、加深它，来让大脑的成长型变化变得可视化。瞧，成长型思维训练就是这么简单！

当孩子们学习到大脑的相关知识，以及大脑在面对挑战时会怎样变化和成长时，他们过往的限制性信念开始扭转，会发生如下变化（见表2）：

表　2

学习前	学习后
• 我的智商没有别人高 • 我不够聪明 • 我弱爆了	• 在别人眼里只显得聪明没有意义，天赋只是起点，努力才最酷 • 每个人的大脑都能通过锻炼与学习，建立连接并获得成长 • 我要发动我的大脑，它就像肌肉，多多锻炼，增加新的神经通路，就会更强大，取得实质性进步更重要
• 我不擅长这个，我犯错了 • 我朋友可以做到，我不如他 • 我还是放弃吧，认输吧	• 困难是成长的机会，挫折是收获的机会，暴露缺点没有关系，我可以旁观学习 • 我是不是错过了什么，换种方式再试试，我一定可以做到 • 我可以学会任何东西，只要我想去学，愿意花时间，付出努力，与其让嫉妒或自卑的感觉占据内心，不如专注于如何提高

运用成长型思维的孩子胜不骄，喜欢迎接新挑战；败不馁，乐于告诉自己和他人"NOT YET"（"尚未成功"而非"无法成功"）。成长型思维赋予孩子们更多自信，使他们注重过程，指引他们不断向前，从失败通向成功、再从成功迈向成功，越发坚持不懈。

比如新冠疫情期间，孩子们在家上网课，同样是上完一节20分钟的数学网课后，做练习题时被难题卡住，固定型思维主导的孩子会想："这道数学题我不会，我太笨了。我的理解能力和记忆力太差！"而成长型思维主导的孩子会去多听几遍难点讲解，自己再思考推导一下，如果还是不懂，再请教父母、同学或者老师。

如果仔细观察，我们会发现成长型思维是人生而具备的。看看那些蹒跚学步的孩子，摔倒了，再爬起来，走几步，又摔了，再爬起来，脸上往往带着喜悦而非懊恼，他们无时无刻不在学习。这种生机勃发的学习状态为何在成长过程中逐渐泯灭了呢？这往往是受成人的固定型思维模式影响。一旦孩子们被"聪明是最棒的、失败是可耻的"等固定型思维包围，并将这些评价纳入自我评价系统，他们就开始害怕自己被贴上"笨小孩""差生"的标签，变得畏缩不前，惧怕挑战，甚至通过在考试中作弊来代替努力，或是在挂科后，与那些不如他们的同学比较，以求自我安慰。

反之，如果父母和老师了解成长型思维，为孩子创造一个允许犯错、宽松包容的环境，撕下标签，运用第一章提到的"肯定性"我信息，肯定孩子们在过程中的具体行为和付出的努力，真诚地带着同理心倾听、接纳孩子挫败时的情绪，他们就会生长力量，滋生自发的意志力，持续保有成长型思维，愿意主动跳出舒适区，迎接新的挑战。

也许看到这里，你会说："糟了，我就是典型的固定型思维，我是不是很差劲。"我想和亲爱的你说，别让固定型思维或成长型思维成为束缚你的新标签。德韦克说："通往成长型思维的道路是一段旅程，不是一个宣言。"每个人既有固定型思维，也有成长型思维，因为思维模式不是非此即彼的东西，而是每个当下的一种选择，"我"决定选择哪种思维而已。如果有人说："我是个完完全全成长型思维的人，所以我比你们这些固定型思维的人更厉害。"相信我，那一定不是真的。成长型思维也是一种元认知能力（对自己想法的觉察和了悟的能力），可以培养和锻炼。

更多时候，使用成长型思维仅仅意味着自我对话的改变。我觉察到头脑里有个固定型思维的小人很喜欢在我大脑里蹦跶，像萦绕在头顶的蚊子，一直"嗡嗡嗡"挥之不去，总是伺机召唤我和它一起沉迷于失败里，有时候我选择看见它、听见它，有时候可能就选择在沮丧和挫败里待一会……有时候，我选择让头脑里另一个成长型思维小人帮助我去拓展思路，迎接挑战。烦恼即菩提，无论生命有多难，每一次困难和挑战都有其意义，都是一份珍贵的礼物。如果我享受这个过程，没有人能从我这儿把它夺走，这并非刻意忽略生命中必经的苦难，而是心存感激地去积极遇见这些苦给我带来的成长，从而转抗拒为享受此时的生命，因而，我可以对当下的过程和经历说"是"，拥抱失败，可以对自己说："这很有意思，它的发生是有意义的，某些东西正在苏醒，新的神经通路在创建，欢迎它。"从而我有了空间去思考，再遇到类似的事情，或者即将到来的挑战，我可能遇到的阻碍有哪些，我面对这些阻碍的时候，可以做一些什么，以及我是不是可以提前做一个计划。

这样的自我对话让内在冲突外部化。面对一件事，由于不同的分析、不同的信念、不同的看法，人会产生不同的情绪和行为结果。美国心理学家阿尔伯特·艾利斯（Albert Ellis）就曾提出情绪 ABC 理论，发生的事件 A（Activating event）只是引发的情绪和行为后果 C（Consequence）的间接原因，个体对事件 A 的观念 B（Belief）才是直接原因。逆境已然发生，无法改变，但想法和信念 B 确实是可以调整的，B 的调整也会促使 C 发生改变，而信念 B 是我们获取心理韧性的关键。

如果还不熟悉自我对话，也可以找一位搭档做练习，让他来帮你说出代表固定型思维小人的观念。你会发现这些观念往往都有永久性、普遍性、个人化的归因特点，容易让我们失去灵活性和自我价值感。而我们要做的就是带着成长型思维——反驳。比如：

我曾沮丧的事件：

希望分享好的家庭教育理念给更多家庭，课程学员人数能有所突破。

搭档帮我说出我内在的固定型思维：

这个事情也许就不适合作为职业（永久性归因），

现在很多父母都觉得是孩子有问题，不是自己需要学习（普遍性归因），

你肯定没做好资源开发、渠道拓展以及课程营销（个人化归因）。

我用外部的、临时的、与情境关联的归因方式逐条去反驳他。反驳时，更加清晰了自己的方向：

正因为不容易，所以现在还在发展期，虽然大部分父母还没有开始觉察（外部化归因），但是有意识的父母已经越来越多，国家也越来越重视这部分。

哪怕从自己的家庭开始做起，影响身边的家庭，再慢慢带动更多家庭，积跬步行千里（临时性归因）。

资源开发和课程推广虽不易，但是我也做过很多探索，并且可以寻求帮助（与情境关联性归因）。

这件事很有价值，有益于自己和他人，这些年的坚持已经影响了成千上万的家庭，所以我还是要追随自己的人生召唤，一直做下去……

当我这样对自己说完，内心变得更加坚定。

✔ **成长型思维解构困境小练习**　　◂　◂◂◂◂▨▨▨▨▨

　　写下一个近期的困境，尝试带着成长型思维，用外部的、临时的、与情境关联的归因方式来解释。

坚毅=热情+毅力，铸就孩子成功的终极品质

李恩祐担任耶鲁大学面试官十余年，面试过的学生不计其数，他说："我的切身体会是，拥有坚毅的品格、自我认知的能力和成长型思维模式的学生更容易脱颖而出。"

心理学家花了几十年研究成功的秘密，宾夕法尼亚大学心理学副教授安杰拉·达克沃思（Angela Duckworth）在前人的基础上，提出疑问，大胆假设，小心求证，不懈探索研究，最终发现：坚毅的品质对成功起到了关键性的作用。成就＝天赋×努力^2，天赋和努力程度对一个人的成就都重要，但是努力更重要。

有人称安杰拉·达克沃（Angela Duckworth）是唯一发现这个秘密的人。但很多人可能会觉得不以为然，这哪是什么秘密，"坚持就是胜利"不是人尽皆知吗？只是她通过大量数据证实了而已。事实上，安杰拉所说的坚毅可不单是坚持，她在自己的书中提到："坚毅（Grit）＝热情（Passion）＋毅力（Perseverance）"。

热情分两种类型，一种是强迫性的热情，另一种是和谐性的热情。强迫性的热情使你沉思，削弱你的活力，并且让你忽略生活中其他重要的方面。它的标志是侵入性的想法和难以控制做这样事情的冲动，更多是出于内摄动机（指已将受控动机内化的一种动机，即使外部控制你的人已经不在身边，你依然会按照他们过往的控制行事）。和谐性热情让你更幸福、更睿智。它是你期待的，并能以积极的方式填满你的梦想。

毅力也被心理学家们称为心理韧性（抗逆力、复原力），即从消极经历中恢复过来，在逆境中奋起，灵活地适应外界多变环境的能力。以孩子的学习成长为例，兴趣是最好的老师，热情源于充分享受所做之事，将孩子身上的热情作为切入点，帮助培养关键能力是迈向成功的基础。但光有兴趣还不够，强劲的内动力绝不仅是"一时兴起"，还包含了坚定的毅力、持之以恒的决心和自律精神。孩子需要找到目标，确立自己的学习计划，全情投入到学习和生活中，行动过程中保有希望，拥有逆境中奋起的毅力，如此定能从过程中学到东西，最终抵达成功。

这一章和大家介绍一个工具，即 SMART。SMART 通常在企业中用以协助管理者和员工更科学地制定工作目标、绩效指标。其中，S 代表具体的（Specific），指目标或指标是具体的，而不是含糊笼统的。M 代表可度量（Measurable），指目标或指标是可数量化或者行为化的，验证这些目标、指标的数据或者信息是可以获得的；A 代表可实现（Attainable），指目标或指标在付出努力的情况下可以实现，避免设立过高或过低的目标；R 代表相关性（Relevant），指目标或指标是与工作的整体目标相关联的；T 代表有时限（Time-bound），注重完成目标或指标的特定期限。

而 SMART 用在家庭情境中，为了更适用于孩子，我将 A 和 R 进行了相应的简化，使其只聚焦于一个目标本身。A 调整为可行动的（Actionable），鼓励孩子列出实现目标所需付出的具体行动；R 调整为实际的（Realistic），引导孩子列出实际可寻求到的资源与支持，即使遇阻时也能让目标可实现。

同时，我在企业版 SMART 的基础上进行了进一步升级，结合了成长型思维的自我对话和优势引导，可以帮助孩子设定结合自身热情和精力的目标，激发孩子的内驱力，将其注意力从认知和行为引导到重要的事情上，并发现自身资源、环境和可以寻求的支持。通过使用 SMART，让孩子从任务起始，就能带着大局观与策略，准备好自己，提升自己的毅力，并且夯实后续的积极行动。

下面分享一个例子，寒假疫情期间，8 岁多的大宝为了高效完成网课学习，用 SMART 制定了网课自学计划，见图 7。

Specific（具体的）	Measurable（可度量的）	Actionable（可行动的）	Realistic [实际的（资源、支持）]	Time-bound（最终时限）
高效完成网课学习（不单是听，而是真正学会掌握）	1. 听课数量：每天 6 节网课（语数英、科学、阅读、自己找的优质网络课程），听英语故事 30 分钟。（制定合适自己的课程表，完成的项目用代表不同情绪的颜色块填充） 2. 练习：课后作业，练习了解掌握程度 3. 英语听力（听课的数量，分享大致内容，是否听懂，是否喜欢，自己选择自己喜欢的英语绘本）	1. 先听课，不明白的地方多看几遍 2. 仍然有疑问处，问妈妈、妈妈解答不上，视频问爸爸，还解答不了就找老师问 3. 练习 4. 分享，给弟弟和妈妈当小老师 5. 制定时间表，规律上课，规律练习 6. 劳逸结合，上完一节课休息，望远处	物品：iPad、学习用品 他人：妈妈、爸爸	正式开学前

图 7　网课自学计划

可以发挥的优势	有可能存在的障碍	想象成功完成的场景
好奇心、希望、欣赏美和卓越、活力、自律、好学	看不懂、学习量大大、练习题量太多，除了以上列的多问多补，还可以利用周末时间补、优势色彩表打匀来让进度可视化，心中有数，不慌不乱。给自己加油打气：没有什么是学不会的 如果固定性思维性小人跑出来说：看，这都学不会，太差劲了。成长型小人说：拜拜！我要再学一遍，找妈妈问，自己多思考一下，多多练习练习	妈妈问：完成了吗？我自信地说：完成了，都学会了！没有什么事是我学不会的，抱起小妮（家中小猫）转一圈，双臂举起，成功地喊一声 yeah

图7 网课自学计划（续）

在明晰的目标和计划下，她自己每天认真听课，并且把新学期的课本都翻阅了一遍，还提前做了练习册；每天练习舞蹈半个多小时，还带着二宝自创了好多游戏，劳逸结合；自己读完了 20 本中英文纸质书，600 多本英文原版的电子绘本，每天都读半小时英语，春节期间也一天没落下。当我问她："你是怎么做到的？"她说："有的时候，觉得要完成的太多了，就倾听一下自己，听一下那个固定型思维小人呗，它会抱怨，'还有那么多要听，要看，累了，烦了。'让他安静下来，我就可以继续啦！"我不由地赞叹孩子的智慧。

很多时候，人们和成功失之交臂，是因为没有设立真正想要达成的目标，因而无法调动坚毅之力抵御内心的痛苦和外部的打击。通过升级版的 SMART 表，可以让孩子获得掌控感和自信，也更容易使其坚持自己所珍视的目标。幸福就是设定自我和谐的目标，加上自我和谐的过程。

此外，结交具有坚毅品质的朋友也可以帮助孩子变得更有恒心，蓬生麻中，不扶而直。作为父母的我们，如果本身是坚毅的人，会对孩子很有感染力。和孩子亲子共读的时候，与孩子一起多听、多看克服困难方面的故事，也是一种良策。看到一些故事中的人物在艰难时刻不屈不挠的例子，可以给孩子带来战胜困难的信心。我们还可以把家里的难题变成坚毅小游戏，一起想想新的一年最想坚持的一件事，比如每天坚持运动 30 分钟，并把它写在坚毅卡上，一家人一起挑战，互帮互助，相互鼓励。

在进程中遇到困难，父母打击孩子或者包揽孩子的困难，是在制造蚕茧，过度保护孩子。困难在我们的成长中扮演着一个非常重要的角色，没有任何挑战的生命是没有意义的。加拿大诗人莱昂纳德·科恩（Leonard Cohen）说："万物皆有裂痕，那是光进来的地方。"学会应对困境，能带来真实的成长。我们可以与孩子一起来审视一下，他的目标是否合适，时间分配是否合理，看看当初设定目标时，有没有把目标和自己的兴趣、向往的成长结合，和孩子一起讨论怎样提升自己完成目标的自我效能感，困难和失败出现的原因是什么，哪里可以提升，这次失败带来的好处和意义又有哪些。

5 岁时父亲的早逝和 20 多岁时遭遇的挫折和低谷，曾经给我带来巨大的痛苦，也正是在这份痛苦和经历之上，我有了现在实现自己人生召唤的天赋。那些断了的枝丫，会重新长出新的枝丫。挣扎、困难和挑战都是丰富的生活不可或缺的，通往幸福之路并无捷径。放手让孩子自己去迎接挑战，把孩子的世界归还给孩子，不越界地传递我们的接纳和关心，孩子们就有机会"将生活带给他柠檬般的酸楚酿成犹如柠檬汽水般的甘甜"。

✔ 与困境对话小练习

珍惜从困境中学习的机会，邀请你试着写下一个你失败的事件或经历过的艰难时期，如实如是地详细描述一下当时的感受以及现在你写下它时的感受，无需淡化或减轻痛苦。

时间是否改变了你对这件事情的看法？

这次经历让你学到什么经验和重要的东西了吗？

你能想出这次失败为你带来的其他好处吗？

这会不会让这次经历变得具有价值？

这次经历让你变得更有韧性了吗？

你会不会变得更加心怀感激呢？

　　如果你是和孩子一起完成这个练习，试着与他互相帮助，从各自的经历中学习，在困难中有所收获才是最重要的。你也可以在练习结束时，给孩子、给自己读一段来自丽娃老师的隐喻故事，进一步夯实孩子的内在力量。

原本是一匹自由的生长在原野的白马

有翅膀可以飞翔的白马

被圈在一个小小的栅栏里

小小的空间

只能迈出小小的步伐

知道这小小的牧场

有充足的食物，也很安全

但是缺乏空间

翅膀只能紧紧地贴著身体

好怕、好怕

有了翅膀也不能飞

于是

他开始展开翅膀

翅膀一展开

看见自己身上纯白的颜色

这是自己身上原来的颜色

展开的翅膀

一定会碰到栅栏

一定会受伤，伤会痊愈

翅膀一定要展开

有朝一日，翅膀的力量够了

就可以越过栅栏，回到原野

整合内在冲突，减少内耗，战胜拖延

孩子因为竖式少写了一层，被老师要求把整页数学题全部重写，感到又挫败又烦躁，心里就像有两个小人在打架：不想写，又不能不写，"这不是我选择的"，"但是不写会被老师批评"；一边想证明"我"还是"我"，不是他人意志的傀儡，一边希望得到他人的认可，"一脚踩刹车，一脚踩油门"，使自己陷入内耗的漩涡；为了保护自我，不能正面反抗就消极抵抗，一拖再拖，无力行动。如果我们和孩子说："有什么可烦的，赶紧做。"孩子真实的部分就会被压抑。

心理学家卡尔·荣格（Carl Gustav Jung）说："与其成为一个好人，不如活出一个完整的人。"我们的内在有许多部分，有时不同的部分会冲突，接纳其中一部分，遗失另外一部分，渐渐地，遗失的多了，就容易迷失自我，就好像自我内在的宝石蒙上了灰尘。

世界顶级催眠大师斯蒂芬·吉利根（Stephen Gilligan）说

过:"我和你们一样也常常会失去自己的中心,只是我能更快地回到自己的中心。"当发现心里有不同声音,想要从内在冲突的旋涡里出来,不妨试试他的共存练习,让看似冲突的两边可以同时存在,把曾被忽略的真实的自己找回来。如果持续练习并存的内在对话句型,就有机会整合内在冲突,减少内耗,战胜拖延,活出自己的样子。

并存练习有四个内在对话句型:

第一个"是的":"是的,我是紧张的,有压力,有挫败感的。"接纳紧缩的压力,压力就因被看见而舒缓,松开了紧紧捆住我们的链条。反之,我们若不承认情绪的存在,压力和紧张总被摁着,反而会像有只火龙在潜意识谷底,不断吞吐火苗,强劲肌肉,越变越大,搅乱安定。

第二个"是的":"是的,轻松自在,用温暖陪伴自己的也是我;用心努力,迎接挑战,一点点进步的也是我。"看见自己的积极时刻和积极事件,让内在的自在和安稳涌上心头。

第三个"是的":"是的,这两个都是我。我会紧张有压力,我也能轻松自在,用温暖陪伴自己,用心努力,迎接挑战,一点点进步,这两个都是我。"这一句,让分裂在两端的小人,手牵手,一起安静地坐下来,商议照顾到彼此双赢的第三法,回归中心,面对挑战。同时让两个部分的自己一起存在。

第四个"是的":"是的,这两个都是我,而我比这两个还要多更多。"因为看见我比这两个还要多更多,从而可以从盯着眼前的困局转到看到生命的全景，内在从匮乏迈向丰盛。丰盛，不单指健康或财富，丰盛也指能连接内在的丰富资源，让力量生发，支持自己去做想做之事。

我们可以用并存练习来照顾他人。面对因为竖式少写了一层，要把整页数学题全部重新写的孩子，可以为他创建这样的内在对话："是的，全部都要重新写，感觉刚才做题的 40 分钟白费了，挫败、着急、烦躁的是你，能自觉主动提前完成作业，努力进取的也是你，是的，这两个都是你；会挫败的是你，自律、主动的也是你，是的，这两个都是你；你远比这两个还要多更多。"上一次，当我这么和孩子说时，她感觉内在的两个声音都被照顾到了，哭了一小会儿后，和我说："我可以今天把数学都完成，哪怕做到很晚，做到 12 点，我也要坚持，今日事今日毕。"挑战依旧，但心合一，无分裂，能够继续完整前行。

面对四五岁不愿意刷牙的孩子，你可以说："是的，能听到妈妈嘱咐，照顾妈妈担心的是你，不想用那个牙膏，讨厌那个味道，生气的也是你；是的，想要照顾妈妈感受的是你，想要坚持自己的也是你；这两个都是你，你所拥有的比这些多更多。"当孩子常常被这样关照，他们也会开始为自己创建这样的对话来照顾自己。

我也常常用并存练习来照顾自己："是的，想要早起冥想、瑜伽、自由写作，清晰自己内在，为新的一天准备好自己，努力过好这宝贵的一天的是我;是的,想要在温暖被窝里抱着孩子多睡一会儿,照顾疲惫的身体,放下工作的压力,幸福放松的也是我;这些都是我,我远比这些多更多。"放下头脑中的"应该",体会内心真实的需求,感受下身体,如果还很困顿,那就好好休息,睡饱了,就自在地起床,没有纠缠和内耗,清明地活在真相中。

一边陪孩子,一边着急去忙工作的我,会和内在说:"是的,着急去完成工作的,只想默默离开的是我;想要照顾孩子感受,努力多多陪伴孩子的也是我;想要照顾自己的是我,想要当个好妈妈的也是我,这两个都是我,我所拥有的远比这些多更多。"因为这样的并存,就有了一份宁静和安心,心里就冒出了力量,坚定地告诉孩子们,自己还可以陪伴他们一段时间,之后需要开始重要的工作。得到孩子们理解和帮助的我,得以投入地亲子陪伴,然后安心地工作。为人父母,就是一门在矛盾冲突中找寻平衡的艺术。

工作的时候,我也会有挣扎:"是的,想要获得资源,为之努力,感觉到紧张有压力的是我,想要轻松自在,用温暖陪伴自己的也是我;想要跟上比自己优秀的人的步伐,感到紧张有压力的是我,自在愉悦、心中有能量的也是我;想要在困难中坚持,坚毅有韧性的人是我,能灵活应对、知难而退、另辟蹊径的人也是我;想要大家支持和协助的是我,能独立前行、独自创新的也是我;崩溃、焦虑的是我,能放下焦虑、自在安心的也是我；我远比这些多更多。"

看起来是简简单单的四句，却总在我困顿的时候，给我带来力量。在孩子挫败的时候，抱持孩子的不同方面，一面尊重孩子独特的灵魂，一面引导孩子面对挑战，重归安定。即便有时挣扎依旧，但心里多了空间和安心，能够继续完整地活出自己的样子，不一定要完美，却可以用自己的脚步，按照自己的节奏，踏实地接触大地、接触真实的世界，感受自己的热情所在，继续走下去，创造自己的人生。

✔ **并存小练习**　　　　　　　◁　　◁◁◁▨▨▨▨

不妨现在就闭上眼睛，听听心里不同的声音，来做个并存练习吧！

建构人生愿景，追寻人生的意义

幸福是有意义的快乐。马丁·塞利格曼（Martin E. P. Seligman）说："最深沉、最稳定的幸福，源自我们拥有人生的意义。"你知道怎样的生活对你来说是有意义的吗？你宝贵的一生准备拿来做什么？如果你知道答案，人生就会像在天地之间找到了定锚，很多安排和选择也变得简单。所以，找到你的愿景，分清什么对你来说是很重要的、也很有意义的，拥有自我和谐的愿景，开启自我和谐的旅程，就是幸福的人生。接下来，我会给你几个问题，这些问题会引导你找到属于自己的愿景。

✔ 畅想人生愿景小练习

请你找到一个安静的、不被打扰的地方，找到一个舒适的姿势，闭上眼睛，戴上耳机，给自己放一段安静轻柔的音乐，深呼吸，去畅想你的美好愿景。

　　亲爱的朋友，我们现在一起来畅想未来美好的愿景。假设你被施了魔咒，从现在开始，没有人知道你干了什么，只有你知道自己做了什么，自己成就了什么；只有你知道自己的道德和行为，只有你知道自己的热情在哪里，你真正想要过的人生是什么样的；没有别人的认同，你会做些什么，你希望用你的生命创造些什么。

　　想象一下，10 年、20 年、30 年、40 年后的你会变成什么样子？假设所有你想要的一切都会给你，那么那个时候的你会在什么地方？那个画面是如何的美好？你在画面中的哪里？你穿着什么样的衣服？画面中的你心情如何？那个时候的你具体在做些什么呢？

　　画面中除了你，还有谁？他们在做些什么？他们的心情如
何？你的改变和成长给他们带来了什么样的受益？他们会和你
说些什么？

　　你觉得那样算是人生成功了吗？你实现了什么？你做了什
么来发展和实现它？

　　轻轻闭上眼睛，享受歌曲，继续畅想你的愿景。你是否希望并觉得自己所做的能让这个世界更美好？

　　如果你已经写好了，恭喜你找到了自己的愿景。接着，你可以做下面这三步：第一步，用文字把它记录下来；第二步，说给自己听，看看自己是不是会有激情澎湃的感觉；第三步，把它分享给你生命中最重要的人，你的家人和朋友，让他们陪伴和支持，和你一起靠近你的愿景。

　　我第一次做这个练习的时候，心里浮现出来的答案是接受爱，给予爱，照亮自己，和更多人一起找回并点亮他们生命本有的光。做真实、喜悦、丰盛、绽放的自己，帮助他人，让更多孩子保有真我和健全人格。下面是我 6 年前记录的实现愿景的画面。

40年后的自己，住在一所在水边挨着森林的房子里，有着明亮的落地窗。清晨起来，面对日出，做瑜伽冥想，去森林里跑步，呼吸新鲜空气。然后和老公一起吃健康简单的早餐，和孩子们视频聊天，和合作伙伴们远程会议，力所能及地帮助更多需要帮助的人。下午受邀去做分享，穿着精致的浅紫色衣服，化着淡妆，带着珍珠项链，在讲台上精神抖擞地分享，给大家带去了触动和爱的力量，助力他们的家庭和孩子更幸福。台下来了一个小伙子，说谢谢我，当时他妈妈因为听了课，把他从抑郁自杀的边缘拉了回来，现在自己过得非常幸福，也在学习成长。我无比感动和感恩，深感人间值得。老公和两个孩子也在台下，给我送来了鲜花，老公说这一生有我，很幸福，孩子们说很开心我是他们的妈妈，他们也各自有自己精彩的人生。之后和老公回到家里，平淡相守，简衣简食。

如今回看，虽40年未至，但这其中大部分都已经实现。

我们很难直接将"意义"本身教给孩子，但我们可以活出自己的意义，成为榜样。我们可以帮助孩子找寻到他们的意义，但他们的意义最终只能从自己真实的体验和思考中逐渐生成。我们能提供的最有效的帮助都是间接非直接的，但是和我们找寻自己的意义一样很有价值。以下的有一些做法供参考：

- 和孩子保持每天半小时的闲聊沟通，聊一些没有标准答案的问题，比如前面练习中的问题，也可以问问孩子——有什么梦想？成就和满足感的平衡点在哪儿？理想的生活是什么样的？自己人生不同阶段，最愉快的日

子是什么时候？烦恼的日子是哪些时候？最不想度过的
日子是怎样的？这一刻、这一小时、这一天、这个月、
这一年，你想要创造些什么？

- 用心去寻找和观察生活中的真善美，用心看，学会笑，
  多体会愉悦积极的心理，一起做一些事情。

- 给予孩子丰富的环境，让他多体验尝试，对结果保持开
  放，从而找到自己的兴趣点。

当孩子有爱好的滋润，有美好的憧憬能力，他们会慢慢了
解自己最想要的是什么，最擅长什么，自己的目标、效能感、
自我价值感在何处，这时你只要相信时间的变量，孩子真正喜
欢的事就会水到渠成，而不用追逐别人的脚步。

善用时间管理利器，助力幸福力培养

前面和大家谈了人生的大目标、小目标，以及阻碍在我们与目标间可能有的一些拉扯、挣扎、障碍，也聊了更大的人生图景，如何找到自己生命的意义，为自己的人生下定锚。现在，我们要回到眼前的每一日，做好日常时间管理，让每一步走得更踏实。

孩子上了小学后，我们可以适当与孩子分享时间管理的方法。一些孩子没有时间管理的概念，好似满脑子都塞满了事情，但是当下这一刻，就是不知道该做些什么；等他终于记起了要做的事情，又找不到文具和作业本；一整天都疲于应付，最后发现想做的最重要的事，却没有时间去做。不单孩子，成人也常如此：一天忙忙碌碌，似乎总有做不完的事，时间在各类信息的冲击下变得支离破碎，接孩子的时候忘记了承诺的酸奶蛋糕，然后突然想起今天是家人的重要日子，忘了做准备，一团乱麻……

瑞士巴塞尔大学研究发现，遗忘是大脑的一种自我保护机制。通过遗忘，大脑会删除一些不必要的信息，腾出空间，让神经系统正常运转。破坏此过程，也许会导致严重的精神疾病。也就是说，一直"过目不忘"才是不正常的。你有没有松一口气？可是，打理自己的工作和生活，有些事真的很重要不能忘，比如重要的任务、乍现的灵感、项目关键点、和家人的约定……遗忘，让时间管理失去了意义，连做什么都忘了，还谈何时间管理。想让自己不因遗忘而焦虑，最重要的秘诀是把所有的待处理事项全部从大脑中清除出去。著名的时间管理人戴维·艾伦（David Allen）说：那就给你的大脑外接一个"移动硬盘"，把这些事，从你的大脑挪出、清空。让大脑用来思考，而不是用来记事。他写的《搞定》（Get Things Done，简称 GTD）系列，介绍了一套"移动硬盘"式的时间管理方法，简称为 GTD 时间管理法。这套方法让曾经像不断旋转的陀螺的我，得以慢下来，有了喘息的时候，在工作和生活的平衡中游刃有余。

GTD 法有三个核心：收集、处理、行动与检视。

第一步，收集。你需要一个"收集篮"，用于收集大脑里清除出来的事项。拿出一张白纸，列出所有你能想到的事情，不管是工作方面还是生活方面的事情，先不用想轻重缓急和顺序，但凡是能引起你注意的，就写下来，哪怕是"把孩子尿湿的裤子洗了"这样的事情，直到你再也想不起一件挂心之事。当然，你也可以试着把所有事情，收集到一些电子"收集篮"，比如 omnifocus app。第一次做的时候，建议你把手机调成飞行模式，以免被突如其来的信息打扰。把所有事情 100% 放入"收集篮"，是 GTD 的第一步。我第一次做的时候，用了将近 1 个小时，罗列了超过 200 件事情。写完的那一刻，我觉得真的好轻松。清空大脑后，大脑可以用来做更有创造力的事情，专注思考。第一次收集时任务是最艰巨的，当养成习惯后，一有事情，就即刻用 omnifocus 记录，一完成再即刻删除，让轻松的状态持续。

第二步，处理。清空大脑之后，就可以开始着手处理"收集篮"中的每一个事项。

你可以有以下六个选择：

（1）删除：一时冲动放入"收集篮"，但现在看来毫无价值的事情，可以立刻删除。

（2）归档：有价值的资料，比如微信文章、平常的笔记等，移到"归档"目录下。

（3）将来/也许：这些事情你需要在某个时间点去做，但不是马上，比如写一篇文章、读一本书等，移到"将来/也许"目录下。

（4）等待：这件事需要指派其他人完成，比如让秘书订机票等，那就立刻指派，然后移到"等待"目录下，再给这件事增加一个到点提醒。

（5）下一步行动：需要你亲自完成的，比如给老板发个会议纪要，打电话给客户做回访，给孩子买尿不湿等，移到"下一步行动"目录下。

（6）项目：对于下一步行动有很多步骤的，就已经是一个项目了。为项目建一个专门的目录，定期回顾处理。

这意味着当一件事情来到你眼前，你要想一想：

（1）这件事"我"想不想做，要不要做。要做的话，就进入第二步。

（2）这件事要达到想要的结果，可以采取一些怎样的行动？何时做？何地做？怎么做？谁来做？用时少于 2 分钟的事情立马做，超过 2 分钟的事情，进行分类，判断是分到日程里，还是行动清单下，或是项目中。不同的项目，根据项目的时长分为一辈子的、5 年的、1~2 年的、半年以及 2~3 个月的，对应放置在不同的人生高空，然后，想象自己从不同纬度、视角看自己的人生：

从 5 万米的高空俯瞰，即从人生愿景的角度，把自己的人生拉到最广阔的空间和视角，可以看到什么是对我们最重要的，帮助我们更好地做决断，活在未来。

4 万米高空，像是把镜头拉近了一点，这里有你 3~5 年内规划想要的生活方式、事业目标和方向，比如让自己的事业更上一层楼，让孩子们接受好的教育，去北欧、北极旅游等。

再拉近一点，3 万米高空，这里有你制定的 1~2 年内必须完成的事和迫切希望取得的成绩，你可以全部列出清单，记录下来。比如，我想要陪伴 1000 个家庭变得更幸福，和更多平台合作，陪伴两个孩子度过幸福的童年。

在 2 万米高空，我们可以从自己关注和责任的范围去多维度地审视我们的生活，比如从第三章介绍的自我环的八个方面来制定一些行动计划，也有伙伴每个月或每个季度会从家庭、健康、事业、效能、财富、社交、休闲、学习八个方面进行检视。

1 万米高空，通常是 6 个月内要完成的一些当前项目，比如家庭断舍离，分为鞋柜的断舍离、阳台花盆断舍离、手机资料断舍离等等，这一系列项目与下一步行动相结合，构成了更细分的行动计划。

下一步行动清单，就好像是地面的跑道，包括需要尽快处理的各项行动，即每天的行动。

第三步，行动与检视。什么是检视？一天开始，我会在瑜伽冥想、自由书写之后，打开 omnifocus，看看今天该干些什么呢？打开"下一步行动"目录，标出最重要的三件，优先完成，余下的一件一件做就好了。如果"下一步行动"里是空的呢？恭喜！你可以放松一会儿。再看看"项目"里的各项行动，有没有进展？"将来/也许"里有没有值得做的？"等待"里，委托出去的事情，别人都完成了吗？如果都没有。好啦，那你可以好好发发呆，然后找点滋养自己的事情放入"收集篮"吧！

一天或一周结束的时候，定期检视"收集篮"，把不想做的删除，把确定想做的转为下一步行动，根据完成时间依次归入 1 万米高空或 2 万米、3 万米高空。每年用梦想系统检视人生，每月借助日程表来一览每月安排，每周用清单完成检视，每日用最重要的三件事也称之为三只青蛙，来把握自己在做自己觉得重要、有意义的事情，从而使自己每时既活在当下，又活在未来，不因还有好多事情似乎没做、忘记做、来不及做而诚惶诚恐，既有适当的专注和掌控，又有机动的灵活性，既能掌控细节，又有大的视角和纬度，向自己想要的方向前行。

对于下一步行动和项目里的行动计划，还可以进行情境管理。比如，二宝还在婴儿期的时候，我根据情境分为二宝睡着在家时的行动清单、二宝醒着在家时的行动清单、电脑清单、电话清单、任何地方清单、地铁上清单、阅读清单、骑车时听课清单，等等。孩子睡着，我就可以抓紧时间做一些需要专注的事情，比如写文章、学习有难度的课程等等。孩子醒着的时候，我推着婴儿车可以听一些轻松的课程语音。比如地铁上，可以调出地铁上清单，做一些手机资料的断舍离、整理手机空间这样的事情。用这样的方式，根据不同的情境做不同的事，而不是所有事情都按照几点到几点的固定时间来安排，这让我轻松了不少，也放下不少对时间的焦虑。

当我们自己能够把时间当朋友，游刃有余地管理好自己的事务，对孩子来说，也是极佳的示范和榜样。我们可以根据孩子不同年龄的理解程度，逐渐从小学开始，给孩子引入时间管理的方法，比如从协助孩子一起来做图文并茂的起床清单、睡前清单（即收集早晚要做的事＋计划），安排三只青蛙，用番茄钟养成专注的习惯等等，让孩子和自己都更轻松。

在女儿刚进入一年级时，我在她心情愉悦的时候，和她一起讨论过如何规划学习，并且适时给她介绍了时间管理小工具——番茄钟，即有张有弛，专注学习 25 分钟，再休息 5 分钟，再专注学习 25 分钟，如此反复，每一轮就是一个番茄钟（小一点的孩子可以从 15 分钟一个番茄钟开始）。还有三只青蛙的时间管理概念：先完成今天觉得难度比较大的又需要尽早完成的三件事，比如每天的数学作业、语文作业，还有英语听读，把它们设为当天的三只青蛙；完成一只青蛙的时候，我们会一起把青蛙画出来。通过这样的方式，孩子写作业的进展变得更加的可视化，今天完成了几只青蛙，每只青蛙用了几个番茄钟，同时，这个过程也有挑战的乐趣和成就感在里面。

有阵子，女儿做作业常做到八九点。在我和她使用一次第三法后，她提出要列一个睡前清单，囊括她放学后到睡觉前要做的所有事情，自己做一个细致的安排。我们俩一起完成了这个清单，不列不知道，一列吓一跳，睡前要做的事有这么多呢，我们对每一项进行了合理的安排。这样可以清空大脑，放下焦虑，有了更多的游刃有余。清单可以贴在墙上，方便时时提醒我们，到了时间，直接看看清单，依次完成即可，不会再感觉还有一大堆未完成的。几个关键的时间，如洗漱开始的时间和上床时间，用女儿的手表定闹铃，免去我的一再提醒。孩子愿意执行的最大前提就是这些决定都是建立在满足我们多方需求之上，共同商议完成的，大部分是由她决定，而不是我单方强加给她的，我也由此把完成作业这件事情彻底交还给了她。

总之，GTD 法是一套"让大脑用来思考，而不是用来记事"的时间管理方法。它借助外部工具，第一步，清空大脑，把所有事情100%放入"收集篮"；第二步，处理"收集篮"，把事情归入删除、归档、将来/也许、等待、下一步行动、项目六大类；第三步，随时回顾、每天回顾、每周回顾，从"收集篮"分类中提取需要完成的事情，然后，行动。使用 GTD 法，可以让你心中无事，再忙也不焦虑，专注于思考和解决问题，把握光阴，珍惜当下。

我们的每一日既是每一个月的重要组成单位，也是每一年的重要组成单位，更是我们整个生命的重要组成单位。如何过好这一天，就是如何过好这一生。如果明天就是下一生，你会如何过今天呢？

✔ GTD 法小练习

请拿出一张白纸，列出所有能引起你注意的事情，不论是工作上的还是生活上的，尝试用 GTD 的方法来做一个时间规划吧！

着眼未来，培养孩子的创造力

二宝 1 岁多，我常带他上艺术课，画画涂鸦。孩子的专注力和创造力总让我惊叹。一次，一起上课的还有 2 岁多的女孩。她爸爸不时地对她说：

"画这里！不要画那里！像我这样画！怎么不画了？你自己画啊，别老依赖我啊！"

"真的是，2 岁叛逆期，太不听话了！再这样，我打你屁股了啊！"

孩子委屈地把画笔一丢，爸爸说："你这是在挑战我的权威吗？"然后，转头和我们苦笑，"这孩子只听她妈妈的，不听我话，气死我了。"

之后，老师安排用玩具小汽车蘸颜料在纸上创作，而那个小女孩已经畏畏缩缩，不知道如何下手了，爸爸拿过她的车，"你看要这样画！"小女孩顿觉索然无味，眼里的光彩就那么暗了下去。她的画上，都是爸爸的痕迹。

最后，孩子们的作品一起摆出，我看到孩子们自己创作的画上是跳跃的鲜活色彩，而那张爸爸"协助"创作的画上，却是平淡和拘束。

孩子的创造力需要我们的保护。我们要放下指挥的大棒和冲动，在孩子投入做自己喜欢的事时，给予默默的陪伴，或者干脆去专注做自己的事情，给孩子发挥和专注的空间，你会看到十足的创造力。沉默是金，此时无声胜有声，我们和孩子传递的是接纳、信任和尊重，给予孩子宝贵的爱和自由。爱，是给孩子自由，信任孩子，锻炼其独立性。自由并非放任，而是给孩子选择权、尝试权和犯错权。孩子感受到的是："我所做的事是好的，我的行为是被接纳、被赞许的。"有了更多积极情绪，自然就为创造力制造了更多空间。

创造力是生活充实而丰盈的秘密。富有创造力的人，具有超乎寻常的强烈好奇心和兴趣。米哈里·契克森米哈赖（Mihaly Csikszentrnihalyi）在对众多富有创造力的人进行采访和研究后，在《创造力》一书中提到，"他们对事物，哪怕是周围微小的事物都充满了不可思议的好奇。在一生中始终驱动许多创新者前进的是好奇心。"达尔文对大自然如此好奇，在收集甲虫的时候，发现三只甲虫，甲虫太大，他只能一手抓一只，另一只就放在嘴里，一路上，那甲虫还试图顺着他的喉咙逃跑。

创造力往往在兴趣来临时，专注于点燃兴趣火花的过程中迸发。我们在上一章和这一章已经提及了很多工具和方法，如描绘人生地图，找到生活中喜欢的事和反感的事，更多地做自己喜欢的事，在其中发挥优势，结合热情设定目标，持续坚持的 SMART，利用时间管理工具培养良好的习惯等，都可以降低内心熵值，持续积累、精进，且都符合米哈里在书中说到的激发创造力的六个步骤：准备—孵化—顿悟—衡量—发展—施行。一个高创造力的人既有内向的一面，又有外向的一面；既有很高的想象力，又有很强的现实感；不在乎创造程度的大小，只关注"有用""行动""可实施"。

此外，发散性思维也是创造力很重要的一部分，可以帮助我们流畅地提出想法，灵活地想出多赢的策略，多视角地看问题，想出尽可能多的办法。第二章我们提到的开心大法即第三法中的头脑风暴，正是最佳的发散性思维练习实践。大量数据也证实，经常运用开心大法的孩子们创造力更佳，更能看到问题的本质，富有创造性地解决问题，调动创造力。

抽时间进行反思和放松，被称为有益的"放空"，也是非常重要的，尤其是在大量"准备—孵化"工作后，一段时间的放松往往会带来醍醐灌顶的顿悟。我有很多灵感常常是在我工作了一段时间后，在自由写作、爬山、洗澡、冥想或者梦里，甚至洗碗的时候冒出来的。历史上有很多创造发明也是在这样的时刻出现的。积极的放空对大脑有修复作用，从单调乏味的工作和日常惯例中节省出来的每一个小时都能增加创造力产生的可能性。始终忙碌并不是发挥创造力的好方法。有益的放空不是被动的，是大脑最容易进入的状态，也是最有意思的状态。每周留一些自由时间给孩子，还可以在家里给他创造自己的小角落，那里可以放置能给他带来各种创造力的小物件，一个专属于他的地盘，让他在这个空间内，做内心想做的事，让大脑可以自由放飞。

"惊喜时刻"也是创造力的一个有效练习。我很喜欢和孩子们一起来制造惊喜的快乐时光，每天设法制造一个惊喜，或者让一个人惊奇，抑或设法为某件事感到惊奇，也许只是仔细观察飞进房间的那只蝴蝶，带着好奇看看窗外鸟妈妈孵出的小鸟，欣赏一下放学路上一路盛开的樱花，都是可以的。在晚餐的时候，一起来聊聊今天感到吃惊的事情。一周结束的时候，想想要为新到来的一周注入怎样的新能量，尝试做一些什么不一样的事情，重要的是问问自己："今天我想要有怎么的不同？"并真正去做。这些都会为我们的生活注入更多的活力，让我们感到充实并保有新鲜感。

米哈里还发现，富有创造力的人往往保有敬畏之心。

✔ 敬畏之心小练习

现在邀请你写下你所敬畏的事。

举例：

我敬畏世间的无常，敬畏宇宙星辰的浩瀚，敬畏人与人之间的关系，敬畏大自然的鬼斧神工，敬畏心灵的力量，敬畏孩子无限的潜能，敬畏信任的力量，敬畏疗愈的力量。敬畏一朵花的绽放，也敬畏一片春日的嫩叶，敬畏壮丽的雪山，也敬畏无边的海洋，我敬畏给我的生命带来改变的恩师们，也敬畏给我带来启迪的万事万物，我敬畏每一个独一无二的生命，也敬畏世间的真善美，我敬畏世间大道，大道无形孕育万物，大道无情运行万物，大道无名养育万物，也敬畏那些将自己一生投注于自己所爱的人。我敬畏无条件的爱，以敬畏之心做挚爱之事，我也敬畏自己，这个生命行走于世间，接收爱，给出爱，记录爱，分享爱。我也敬畏经历过的挫折，心存敬畏，方能行久致远。

让孩子不断进取的心流

相信大家都有过这样的经历——孩子正投入地创作他的画作，或者正用乐高搭建一个"宏伟"的城堡，沉浸在自己创造的游戏之中，心潮澎湃，而我们却忍不住不停地喊他，"来吃饭了，怎么还不动啊？要按时吃饭，一会儿饭又冷了!"孩子完全没有回应，继续沉浸在自己的世界里，直到你越喊越急，越大声，孩子跳脚，你生气。孩子跳脚，背后的一个重要原因是他宝贵的心流体验被打断了。

什么是心流呢？心流是指一个人心无旁骛地投入到某项活动中，通过自身的努力完成挑战时的感受。心流发生时，物我两忘，天人合一，酣畅淋漓，如痴如醉，时间感停止，生命从而获得极致的发挥。任务完成后，心流的体验会让我们心生感激与快乐之情，这是一种真切长久的快乐。发掘心流也会为创造力添光增彩。

"心流"提出者——米哈里·契克森米哈赖（Mihaly Csikszentmihalyi）这样概括心流的成因和特征：第一，注意力，

"体验过心流的人都知道，那份深沉的快乐是严格的自律、集中注意力换来的"。第二，有一个他愿意为之付出的目标。那目标是什么不要紧，只要那目标将他的注意力集中于此，尽全力接受挑战。第三，有即时的回馈，让人清楚自己在做什么，完成每一个步骤后，能够立刻判断出自己是否有所改进。第四，因全神贯注于此，日常恼人的琐事会被忘却和屏蔽。第五，达到了忘我的状态。专注是心流的关键，全神贯注、物我两忘。清华大学的彭凯平教授也把"心流"翻译成"福流"。人在什么情况下，会感觉幸福？事实上，人生中幸福的体验，无一不是心流流过，给人融会贯通、万物归一的奇妙感受。思如泉涌地完成一篇文章，激情澎湃地完成一段即兴演讲，画一幅自己满意的水彩画，尝试艺术性插花、琴棋书画皆有心流，当心流发生时，灵魂与艺术创造融为一体。

当不计较得失好坏、全心投入生活的每一个细节时，你会觉得幸福。于生活点滴中体会心流，就是找到、发现、创造、感染幸福的过程，而在自己擅长的领域持续投入，不断制造和享受心流，不断升级，达及专业水准，无论生活抑或工作的品质都能得以提升，幸福感更是会加倍增长。

所以与其在各自的世界里，希望对方按自己的期待和节奏来进行，不如走近孩子，俯下身子，进入到他的世界，带着"慧眼禅心"，看看那个当下，他在做些什么，从而增进连接，也许你会发现专注之美。待他"大作"完成，温柔地给予肯定和积极主动式回应，共品一下美好，相信孩子会更愿意和你一起去到餐

桌，共进美味。如果大作完成还需较长时间，我会留下小便签，
"宝贝，看到你那么投入，不忍心打扰。你完成了，或者饿了，
就来吃饭哈。"轻轻合上门，退出他的世界。在我心中，早一些
吃饭，远不及那一刻的心流体验重要。因为我深知当我写作时被
不断打扰，泉涌的灵感和思路被打断后难以再续的懊恼。虽然经
过不断练习，被打断后回归心流体验的速度可以提升，但我们依
然渴望在过程中不被打扰。因而给自己和孩子创造一个专注的环
境，提前做好沟通，比如"我接下来一个小时要专注写作，一会
吃饭不用喊我，我写完会自己来吃，自己热饭"，都尤为重要。

　　达到心流，还需要一个条件，即当事人对所做的事具备较
高技巧，同时面临较高挑战。任务过于简单，会让人乏味；过
于复杂，压力山大，又会焦虑。难易程度适当的任务，才能带
来心流的体验。当事人行动和知觉融合，注意力集中，是最佳
的投入状态。我们可以参考下面的心流理论模型（图8）。

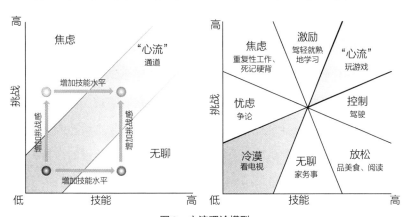

图8　心流理论模型
（来源：百度百科）

如果为了保护孩子而把孩子和所有的挑战隔离，也就剥夺了孩子体验心流、克服困难、努力奋斗、自我成长的机会。适当的挑战，不仅能让孩子的成长型思维茁壮地、坚毅地生长，还能提升创造力，体验心流。"人类最大的贫乏，就是事事顺心如意，无须努力，最终导致希望破灭，再无奋斗之心。"当面临挑战时，孩子其实和大人一样，他们会在成功中找寻意义，并且享受努力实现目标的过程。反过来，我们也不适合给孩子难度远远超过他现在认知和能力水平的挑战，而是要根据孩子的情况逐级递增。太难的任务要进行分解，把目标设定在孩子"踮一踮脚可以够到"的合理区间。所以从心流的角度，让孩子反复刷题，做难度差不多的口算，不如玩层层升级的数独游戏更能带来挑战和提升，孩子自得其乐，不断精进，增强胜任感，直至游刃有余，这也将提升孩子相信自己能做好的内在感受。

我曾经在学习跆拳道时，体验到很多心流的产生，身体酸爽，虽有疲惫，但更多是身心的愉悦，尤其练习一段时日后，会挑战更有难度的动作，争取升到下一级别。给自己树立明确的目标，不断提升自身的技巧去面对挑战，并集中精神能量的过程，就是在发现乐趣，收获幸福。就这样，从初级的白带一路升到黑带，给我带来了巨大的成就感和幸福感。让我们进入心流的往往是我们兴趣所在，能让我们不断追求、行动的事情。找到兴趣所在，并从中找到意义感，在心流推动之下，促成良好的习惯，成功也就顺其自然。

心流带来的乐趣与享乐不同。比如看电视、刷朋友圈等享乐行为，是无结构地、被动地接受信息，而乐趣需要自己去创造，需要目标、习惯、兴趣与内心的自律。会从工作、学习、生活中发掘乐趣，不浪费闲暇的人，会觉得人生是有价值的。查尔斯·K 布莱特比尔（charles k. Brightbill）写道："未来不仅属于受过教育的人，更属于那些懂得善用闲暇的人。"人人皆平等，自由的人最快乐，自由的人是能够做自己的主人，无需比较，被外人的期待所困惑，觉察自己被什么所驱动，投入激情和热情，更多地审视自己的每一天，看看自己哪些时段真正在心流中，从而提升自己更多的心流时刻，用心设计规划和维护自己的美好人生，创造乐趣，全身心投入生活的每一个细节时，不评判，从而得到心灵的解放，你会发现，幸福就在当下的每时每刻。

米哈里说，人生最大的幸福就是将你的人生过成一种心流，从中找到意义。这一点我非常有感触，从 2014 年寻找到自己真正喜欢的事情后，我努力地让更多家庭更幸福，更多孩子保有真我和健全人格。每一次遇到挫败，想到自己的人生召唤，就又能充满热情地继续前行。活出快乐、幸福、健康，活出意义，也就活出愉悦、灿烂、辉煌，这就是人生的本质意义。

"不要以成功为目标——你越是对它念念不忘，就越有可能错过它。因为成功如同幸福，不是追求就能得到；它必须因

缘际会，是一个人全心全意投入并把自己置之度外时，意外获
得的副产品。"

✔ 创造心流小练习　　　　◀　◀◀ ▰▰▰▰

检视孩子最重要的三项学习任务分别处在心流模型的哪个
区域，尝试和孩子一起发挥创意，调整学习任务的难易度，让
其符合心流的特点。

（1）任务是否符合挑战和技能相平衡原则？

（2）是否每一步都有明确的目标？

（3）是否行动后可以马上得到反馈？

检视反馈是否肯定了做得好的部分？鼓励了其可提升的部
分？是否既有自我反馈又有他人的反馈？如何调整让反馈更及
时、有效、有趣，从而让任务变得更有心流？

养育
幸福
小孩

第五章

幸福家庭

我宁愿用一小杯真善美来组织一个美满的家庭，也不愿用几大船家具组织一个索然无味的家庭。

——海因里希·海涅（Heinrich Heine）

家庭是一个系统、一个团队，其运转顺畅与否，和每个成员的自我价值感、家庭的规划、沟通方式皆有关系，每一位家庭成员的情绪、心智、身体和精神生活都是组成家庭系统的关键元素。发展一个家庭，是世界上最困难也是最复杂的工作之一，但却值得我们全力以赴。冰心曾说："一个美好的家，乃是一切幸福和力量的根源。"让家成为幸福的港湾、爱的源泉，一家人和谐共处，用真善美共育幸福的小孩，是真正的幸福。不管遇到任何艰难险阻，永远有个温暖的家可以回，在家中重新找回舒适和安定更是莫大的幸福。

让爱流动，与家人共建和谐

邀请你做一个深呼吸，闭上眼睛，想一想你的家，感受一下你进入家门后，家里的能量场可以打几分，－10 分到 10 分（－10 是最糟糕，10 是最舒适）。

有些学员告诉我，他闭上眼睛想象自己回到家，就感觉到一团黑涌上心口，乱麻一般消耗掉自己的能量，宁可在公司加班到深夜，也不想回家，家里充满了抱怨和负能量，自己总是被指责或忽略；有些学员会说，想到家就觉得很明亮、温暖、舒适，是一家人充电、获得更多成长、彼此成就的地方，不论遇到怎样的艰难险阻，想到家人，就感觉被给予了力量，可以继续坚持向前。

经营一个幸福的家是需要努力的，需要全心投入地付出。如果家是一幅画，每个成员都身在其中，边走边琢磨如何让自己的线条延伸下去，如何加上属于自己的颜色，狂野的、梦幻的、缤纷的、单调的，向各个方向无限延伸，它们在一些点相交，如果交点里面饱含了支持、信任和尊重，会让成员有力量去面对一切艰难险阻，继续向前延伸，让画卷流光溢彩。

如果让我给画卷一个底色，我希望是无条件的爱，因为父母的终极使命，是用无条件的爱为孩子打造一个安全的空间，成为孩子希望和前行的坚强后盾。家是一个和谐的协作小组，而不是指责抱怨聚集地。在这里，家庭成员不受年龄限制，敞开地分享彼此的感受和观点，相互倾听，自由地表达心中的爱意，也能袒露自己的脆弱和难过，无话不谈，充满活力，有着放松自在、平和安宁、让人享受的家庭氛围。

维护好一个孩子的健康发展是每个父母都希望做到，并会在力所能及的范围内竭尽所能去做的，但是确实会面临重重困难。当计划受挫时，家庭成员要共同商议，可以积极乐观地去调整，制定有弹性的规则，能意识到变化是不可避免的，而不是责怪是谁的原因。父母是榜样，是领航员，而不是一个发号施令的老板，对待孩子要请求帮助、平等协商，而不是"因为你是我的孩子，就必须如此"的控制，分享而不说教，给孩子试错的空间。父母常会有一个误区，即"你太小了，你帮不上忙的"，然而真相却是孩子不被相信，潜能没有被看见，他们的很多能力都被埋没了。

孩子通过观察周围的人学会如何做人。成人要发展出更高的自我价值感，才能实践自己所倡导的内容，给予孩子示范。一家人作为一个团体一起工作，开诚布公，相互尊重，在彼此的相同中滋养连接，在差异中学习成长，对希望教给孩子们的行为和价值观，父母要以身作则。每个成员都拥有旺盛的生命力，要允许彼此成为他自己，发展出适合自己的兴趣和优势，彼此支持；同时，每个人又是自主、独特的，要体会彼此在一起、做决定、作为队友共事时的欢乐和喜悦，通过相互分享，时常问问："我现在有什么可以参与其中？""我有什么能力可以帮到你？""如何一起合作才能让你的梦想得以实现？"从而发现每个成员可以带给家庭的资源，同时也鼓励孩子们在家中充分发挥他们的作用，孩子从很小的时候就可以参与到家庭里来，参与越多，归属感越强。

当然家庭中也时常会有冲突，矛盾的解决将成为促进彼此成长的契机。

只要以在平等尊重之上寻求合作共赢为目标，家庭中的成员就能寻找到解决矛盾，让改变发生的方法，彼此体验到完满、真实、爱和被爱、效率和责任感。在这样具有关爱的家庭中成长，"生命不会倒退，也不在过去停留"。我们可以心怀敬畏，企盼生命如花苞慢慢展开，渐次绽放。

婚姻保鲜术

三大关系法宝 +

如果说家是花园，夫妻就是花园的园丁；如果说家是公司，夫妻就是公司的创始合伙人。然而，在对新婚夫妇的研究中，67%的夫妻在首次为人父母时，都有婚姻满意度急转直下的经历。因为有了孩子，多出 N 多任务，我们竭尽所能，期待能给孩子创造更好的未来，关注度全部给了孩子，加上老人来帮忙，更是两个原生家庭的磨合，火热的爱情变成平淡的"亲情"，彼此忽略，相互指责。

朋友说："我家两只雄性神兽，每天上演各屋追打，连唯一可以安静点儿的电视时间，也因为一个要看奥特曼，一个要看超级飞侠扭打在一起，更可怕的是，我正调解呢，猪队友来拆台，大嗓门一吼，'你俩再吵谁都别看了！当妈的，孩子都这样了还不好好管管！'本已接近平复的娃们哭得更凶了，我真是无语，血槽亏空。而队友还抱怨：我的眼里只有孩子没有他了！"家，变成想逃离之地。

婚姻中，我们常会有个错觉，即"我懒得和你说，你就要知道我在想什么，然后来满足我；你不知道，你不满足我就是不爱我！"队友只能感叹："我太难了！我又没有巫婆的水晶球。"因为爱，觉得所有的事都是自动发生、理所当然的，不然就是不爱——这样的想法是对爱的错误认知，无形中把爱变成了一种操控和道德勒索。

我的一位来访者告诉我，他们十周年结婚纪念日，老公送了她戴森吹风机，她特别失落，觉得老公不爱她，不懂她。我很惊讶，那不是很多女生梦寐以求的吗？原来她希望老公补送一枚钻戒，因为当初结婚的时候没有买。我问她："你告诉过老公想要一枚钻戒吗？"她说："没有。"

还有一位妻子发烧，周身不爽，她想要看看老公在她不舒服的时候会怎样好好照顾她，看看老公会不会主动去把衣服晾了。她看了一天，老公也没有去晾衣服，到了晚饭的时候，大发雷霆，"我都病成这样了，你连衣服都不会晾一下！"老公也特别委屈，为了让老婆休息，所以他主动带孩子出去玩，陪孩子写作业，做饭，完全没留意到衣服还没晾。

更经常的是，夫妻一方上课学习了育儿理念，然后让队友也要上进，照着做，认为"你必须按我的方式来对待孩子！"队友很抵触，不愿意屈从，不愿意让权，也不愿意被改造，于是一场又一场争输赢的权利斗争上演。

为了亲子关系牺牲夫妻关系，会让人累上加累，心力交瘁。爱是一种能力，需要学习和练习。夫妻关系是家庭中最重要的关系，不论是为了我们自己，还是为了孩子的健康成长，都值得我们付出时间，用心经营。我们要邀请对方，共商大计，倾听彼此，才能让彼此轻松、健康，感受到滋养而非消耗。健身爱好者每周从健身时间中匀出10%的时间来"锻炼"他们的婚姻而不是身体，他们在婚姻健康方面获得的好处将是在跑步机上跑步的三倍。幸福的婚姻，不但能保护我们的身体，还能保护我们的大脑。研究发现，成天吵架、没有爱的婚姻对健康的影响比离婚还大。如果在80多岁时，婚姻和睦，记忆力就不容易衰退，患阿尔茨海默症的可能性大幅下降。

如何将猪队友转化为神助攻？最事半功倍的当属在双方都没有情绪的时候多多使用三大关系法宝。

（1）第一个法宝，即第一章提到的"肯定性"我信息。简单回顾一下，"肯定性"我信息的三个组成部分：描述对方让你爽的行为＋他的行为给你带来具体明确的影响＋你当下的感受。看见伴侣的付出，同时表达他的行为对你的影响和你的感受。比如"你今天帮忙洗碗，我就可以放松一下，谢谢你。""你刚才在我忙的时候，带两个孩子出去玩，让我能专心工作，我感到很轻松，谢谢你。"肯定性语言是爱情保鲜小妙招，当彼此的付出和努力被深深地看见，而不是理所当然的"应该"，会增加愉悦和爱的积极情绪，事半功倍地构建彼此的关系。

（2）第二个法宝，即明确表达自己的需求。当你知道自己要什么，清晰地表达出需求，你就拓宽了求得爱的有效策略：学会说"我需要你的帮助"，也学会坚定地让别人重视，很多时候，不是别人不重视，而是我们没有坚持地表达自己的需求。

　　女儿 2 岁半前，我一直想去练瑜伽，但一直没去，像个骨灰级怨妇似地抱怨老公："这也不会，那也不帮，让我没有喘气的机会。"等到我真的想好自己需要放松，很坚定地和老公说："我要去练瑜伽，每周四晚上 6:30 至 8:30，我很需要有这个时间让自己放松一下，才能有更好的状态面对工作和家庭。"没想到，他欣然同意，哪怕那天需要加班，也会提前把事情安排妥当，准时下班回家陪孩子，解我后顾之忧。同时，他也为自己争取了周五晚上的专属于他自己的时间，做他自己喜欢的事，不被打扰。所以，并非他不配合，是我自己一直放不下孩子，没有明确表达需求，反倒把责任推卸到他身上。

　　从指责、评判对方"你应该""你必须""都是你的错""都是你害的"，变成从自身出发的"我需要你的帮助，我想要……"，和伴侣更多地敞开自己真实的内外一致的想法、感受和体会，增加理解，减少可能发生的冲突。在我的工作坊，我采访过多位爸爸，当伴侣这样和他说的时候，他会怎样？

　　"亲爱的，你晚睡，体检指标不良，我好怕你下半辈子不能陪我。我不能失去你……"

　　"亲爱的，我今天想要喘口气，我需要去散散步。想请你帮忙带下孩子，我想放松一下，这会帮助我有更好的状态。"

　　"亲爱的，我今天没有空陪孩子做作业，想请你帮忙。"

　　他们都说会答应，这样自己也会有成就感。反之，当伴侣总是说："你必须带孩子，你太不像个当爸爸的样子了！"他就觉得自己如果按她说的做，就弱爆了，想逃走，甚至谎称要加班，到家了也不上去，在楼下抽烟、刷抖音。

著名学者弗里德里希·奥古斯特·冯哈耶克（Friedrich August von Hayek）在《通往奴役之路》一书中说:"通往地狱的路上铺满善意，这些善意就是我们自以为的正确。"当我们拿自己认为的正确强加于人，就是通往痛苦之路。同样，将我们所学的用来要求别人，尤其是伴侣和父母，也会制造很多痛苦，反而用于自我觉察、自我成长、自己去做最高效，知行合一就是最大的影响力。邀请而不强求，同时建立一个信念：提出 10 次需求，被满足 2 次就好了。对方不愿满足，可能是最近也很忙，压力大，等下一次，他有空闲了，也许他就会愿意提供帮助。而不是升级加码成"他不爱我，我不好，不值得"。我可以提出请求，表达自己，为自己的需求负责，这是我的事，愿不愿意满足我是他的事，对方不能满足我的时候，我可以为自己做点什么来满足自己。

（3）第三个法宝，即给彼此留一些单独的空间，做自己喜欢的事情，灌满自己的爱箱，给自己充电，我们可以将其称为"女王时间""国王时间"。从女儿 2 岁半开始我每周四晚上利用"女王时间"去练习瑜伽，再到后来早起练习瑜伽、冥想、自由书写，这给我自己注入了很多能量。

用爱去经营婚姻，百利而无一害，而这并不会占用你太多时间，每周 5 个小时就够了。婚姻教皇约翰·戈特曼（John Gottman）研究过数千对有健康关系的夫妻，总结了维持婚姻幸福的神奇 5 小时，在我看来，是最佳的婚姻保鲜术。

（1）道别：每天花 2 分钟，早上离家说"再见"前，互相说下今天要做的事（至少一件），比如今天有会，对一个合作很期待，会赶回来吃晚餐，等等。（2 分钟/天，5 个工作日，共计 10 分钟）

（2）重聚：每天花 20 分钟进行减压谈话，积极倾听对方。（20 分钟/天，5 个工作日，共计 100 分钟）

这是我最喜欢的每日例行，常常在聊完后，他的心结也打开了，我的困扰也灰飞烟灭了，彼此感觉更近了。积极主动式回应也很值得加入进来。有一次，爱人决定选择更有挑战性的岗位，回来告诉我。我看到新的岗位有很多未知的挑战和风险，但我尝试了积极主动式回应取代提出各种担心，先恭喜他被大老板重视且倚重，对他的陈述都给予了积极回应，并询问他要不要一起出去庆祝一下，祝贺他开启新的旅程。明显感觉到他很开心，面对新的挑战似乎也有了更多的信心，也主动聊起了可能会遇到的阻碍和风险，我也适当地做了积极倾听。一周之后，再次关切进展，一切都进行得有条不紊。

（3）肯定与欣赏：每天花 5 分钟肯定和欣赏对方，用上前面提到的"肯定性"我信息哦！（5 分钟/天，7 天，共计 35 分钟）

（4）每天 5 分钟亲吻、拥抱对方，表达爱意。（5 分钟/天，7 天，共计 35 分钟）。

（5）每周安排一次二人世界时间。放下对孩子的思念和柴米油盐酱醋茶，单独约会1~2个小时，互相分享一下近期有什么困难、愉悦、新的收获，加上爱的五种语言，让约会更甜蜜。我们还可以进行优势约会，就是调动彼此的优势让约会更美好。比如，我的优势有希望、欣赏美和卓越、灵性、好学、真诚、活力、爱、好奇心、善良、社会智能等，老公的优势有和谐、好学、公平、追求卓越、成就、专注、慈悲等。在我们二人世界时，我会利用欣赏美和卓越、活力、爱的优势，寻找优美的约会场地，在聊天时，用希望、灵性、好奇心等帮他开启看不到的一些维度和视角，而他的慈悲、专注、和谐也能让我感受到支持。他支持我做喜欢的事业，并觉得这是有益于社会的事情，我帮他疏导情绪，留意他自己没留意到的堵点，相互理解，运用彼此的资源，共同成长。

总计：5 小时/周

有调查显示，有70%的夫妻出门大多带着孩子在身边，选择地点也以孩子为主。我的学员们也常常反馈有孩子后，要和另一半过二人世界太难了。我的很多学员人生中第一次使用第三法，就是和老公、孩子一起来商议如何创造自己和老公的二人世界时间。要享受独处时间，寻求长辈和朋友的支持与帮助是一个很好的选择；与同龄孩子的亲朋组成"父母支持团体"，轮流照看孩子，再不济，孩子们睡着后一起看个电影，或者在孩子们起床前一起冥想，也是我家的备选方案。还可以给孩子提前发送预防信息："我和爸爸今天要过二人世界，所以今天晚上你们自己玩哦。"我们会在家里卧室，制造一个浪漫的小空间，

过个简易版二人世界。现在，我家孩子都很清楚爸爸妈妈很需要
二人世界时间，会为我们努力创造空间，当然，他们也会为自己
争取分别和爸爸妈妈的二人世界时间。相信耳濡目染的孩子，在
他们未来的婚姻里，也不会轻易放过好好经营婚姻、制造浪漫、
让爱流动的机会。

积极应对冲突

如果做到了以上，彼此都爱箱满满，冲突自然会大大减少。
然而，两个人在一起，难免有冲突。夫妻双方能积极应对冲突，
也是给孩子做好冲突应对的榜样。可以用**第三法**积极应对需求
冲突，有价值观冲突的时候，准备好充足、有可信度的数据和
事实，表达自己观点的同时，不要忘记倾听对方。夫妻之间，
很容易因为育儿理念的不同争执不下。比如，对孩子的学习究
竟要管到什么程度？一方主张信任孩子，给孩子空间，让孩子
成为真实的自己。而另一方则焦虑孩子的成绩以及激烈的竞争。
我们家也因此鸡飞狗跳过，冲突的当下，我和爱人也都曾激昂
地用"面质性"我信息表达自己的观点，尽可能不用贬损、评
判对方的方式，同时倾听彼此的焦虑，我也和他分享了关于学
习相关的书籍和新教育相关的纪录片，之后我俩看到虽然应对
机制不同，但共同的目标都是希望孩子身心健康，能有幸福人
生，从而明确了分工，在信任孩子和彼此的基础上，慢慢地老
公也开始适度地放手，把学习交还给孩子。

如果做不到积极应对冲突，激烈的争执后，冷静下来，也

别忘了战后重建。同时，更重要的是要清晰地告诉孩子，和孩子做一个问题的厘清："这是爸爸妈妈之间的冲突，我们自己的情绪没有管理好，不是因为你，不是你的问题。"避免孩子背负本不该属于他们的负疚感。

并非所有冲突都能圆满解决或短期内解决，因而适当的自我调整也尤为重要。带着勇气改变可以改变的，以包容平静之心接纳无法改变的，并保有智慧分辨二者的不同。

✔ 增进亲密关系小练习

1. 不管你现在依然保持婚姻的新鲜感，还是已经有所厌倦，都邀请你来回忆下当初两人在一起时，你为什么选择了他/她？为什么要结婚？为什么在那个时间点结婚？

2. 作一个积极的配偶介绍，写下伴侣值得你肯定的积极事件。

举例：从相识相知至今 18 载，一直很珍惜有这样的他在身边，他积极乐观，不骄不躁，耐心有爱。虽然工作很忙，但是会积极调整自己，平衡家庭和工作，每天给孩子们讲故事，陪孩子们玩耍；在我周末讲课的时候，他也能一人单挑两娃，时时上演"爸爸去哪儿"。为了更好地和孩子们沟通，他也主动参加了三次 P. E. T. 父母效能训练工作坊，不仅将这套沟通高效能的系统用在和家人的沟通上，也用在了工作上，带来了很大的收获。遇到困难，也极少抱怨，总是积极地应对，感觉有他在身边很踏实。

3. 建立积极关系档案，写下你们积极经营关系的事件。

举例：每年，我俩都会策划一次二人旅行，去到不同的地域体验生活；每周，我俩都会和孩子们沟通，留一些空间给我们的二人世界，一起泡茶，谈心，烛光晚餐，看电影……我们也会一起做冥想，一起瑜伽，一起运动，一起散步，一起带孩子们去公园玩，一起参观博物馆……每年也会带孩子们去不同的地方旅行。当我们发生冲突的时候，不相互指责、抱怨，而是表达自己的真实需求，倾听对方，找到双赢。

4. 记录下关系中值得品味的瞬间。

举例：我们会一起徒步，旅行，看电影，听音乐会，看话剧，芭蕾表演，舞台剧，品茶，冥想，看书，做饭，弹吉他，画画。他会夸我插的花和画的水彩。我们还会互相品味对方写的文章。

5. 记录下最近一周你们分享过什么。

举例：晚餐时，我们会分享今天过的如何，遇到什么开心和不开心的。二人世界时，也会分享近来的感悟，有时遇到坎坷，在对方的倾听下，也能很快走出雾霾，重振旗鼓。

6. 记录一下你们最近放松玩乐的时刻。

举例：这周末，一起看了一场喜欢的电影，看完还一起讨论，很开心。

智慧化解隔代
养育冲突僵局

在我的工作坊中，有很多学员都说家庭关系中真正的终极 Boss，不是孩子和老公，而是自己的爸妈或者公婆。和老人们同处一个屋檐下，育儿理念不同，矛盾冲突不断：你觉得要信任孩子，多放手，让孩子自己吃饭；老人觉得孩子太小，自己搞不定，在后面追着喂，还时常威胁孩子"你不乖，警察就来把你带走了"。有时候明明自己想鼓励孩子，给孩子空间，但是迫于老人的压力，也忍不住对孩子越界。想要破局，还是需要运用到前面几章的方法。

我们首先要守住界限，认识到养育孩子的主要责任是归属于父母的，父母亲自教养，对于孩子身心各方面相对有更多裨益。如果父母是双职工，孩子没上幼儿园前，确实需要人帮忙搭把手，和老人商量的时候，要意识到"老人是来帮忙的"，沟通时用请求帮忙的态度，而不是"这是你孙子，你就应该来带"。现在很多老人是愿意和孙辈住在一起、享受天伦之乐的，但同时他们的身心也在面临日渐衰老带来的挑战，加上和孩子父母的沟通出现分歧，两天一小吵，三天一大吵，就会觉得帮忙带孩子压力山大，力不从心。一些老人要离开自己原来居住的城市，到新的城市帮忙带孩子，远离自己原来的社交圈和熟悉的环境，他们的社交需求和成就感就会受影响，容易觉得憋屈，导致与孩子们关系的疏远，有些甚至干脆一拍两散，不再帮忙带孩子。

老人也需要爱，需要感到有价值，需要有生活的目标。因此，问题的解决，还是需要时刻牢记界限。与老人育儿观念不相符时，要明白他们如何对待孩子是他们的事情，孩子如何对待他们是孩子的事情。与其告诉老人"你们这样做是错的"，强烈地想改造对方，激起对方的防御和反抗，导致自己心力交瘁，不如选择和决定自己可以做什么来让关系更融洽，能对老人产生积极正面的影响。比如，尊重老人的需求，好好沟通，用"面质性"我信息建设性、无伤害地表达自己的需要。平时育儿观和教育理念不同时，更多地以榜样的方式，自己身体力行，行不言之教，分享而不强加，多多肯定他们的付出。当对方感觉到被尊重，一般都是愿意帮忙和配合的。

2014年10月，我第一次给妈妈发"肯定性"我信息和感情表白："妈，昨晚的交谈让我解开了心结，我觉得很舒畅，也看到我们之间更多的可能性，我知道你是很爱我的，我也爱你，希望我们有更多这样美好的散步时光。"

妈妈说："好！我也很开心。我们现在的沟通是越来越少了，因为你有你的事业和家庭，昨天能敞开心扉说心里话，我觉得特别温馨。"

日常要夸赞妈妈的付出："谢谢妈,今天做的鱼特别好吃,第一次尝到你做这个口味,很喜欢。这两年你辛苦了,一直在帮我。谢谢你如此爱我!"

妈妈也回应我:"谢谢你!在你的心里还是挺在乎你妈的,我能感受到。爱你、帮你那是必须的。和你们在一起我也觉得学习到很多,更开心更放松了。开心就好!"

有一次,婆婆刚来帮忙,不同的习惯带来的磨合让关系有些紧张,老公担心可能要上演"婆媳大战"。我给婆婆发了一条信息:"谢谢妈妈,放下新修的房子和舒适熟悉的环境,来成都帮我们,虽然脖颈和膝盖不舒服,还是常常抱大宝,让我们得以休息。做了那么多可口的饭菜,让我们可以享受食物的美好。"

平日里含蓄的婆婆出乎意料地回复说:"不用谢,带他们姐弟俩是应该的,虽说有一点辛苦,但从中也获得了开心、快乐,我们是一家人,我也爱你们。"我们也从相敬如"冰"走向了温暖相拥,眼里含着泪。

每次工作坊开展活动,我也会邀请学员们发送三条"肯定性"我信息,几乎每次都会有学员说,"好肉麻,没法发"。我自己也是在一次次练习中,从不好意思开口,到发微信,到可以当面肯定。当然前提一定是肯定对方真实的行为,多练习是正道,不破不立。经过多年实践,我发现"肯定性"我信息是高效打破隔代沟通障碍的方式,比起倾听他们的负向情绪、对他们的越界明确说"不",更容易启动。

　　我也无数次见证学员们鼓起勇气，发出心中真实的感受，和家人变得更融洽的实例，大家的分享总是给我带来许多感动。

　　一位学员说："我现在和婆婆好得不得了，我昨天甚至亲了她的脸颊，她还抱了我，一家人相亲相爱的感觉真好！"

　　有的说："当我发在家庭群里，我妈回复我说，'你终于长大了，我其实一直在等这一天。'我的眼泪一下就下来了。其实有很多爱一直都没有表达，以为对方都懂。爱真的需要说出来！"

　　有的说："我回去，我妈没说什么，但是我看到她一边做菜，一边哼着小曲，那天晚上多了好多样水果和往常没有的菜式。"

　　还有的说："我和爸爸30年的隔阂，但我俩的关系就在这一句中莫名就变化了。我爸没说话，但是我妈和我说，那天他一边看信息，一边默默地擦眼泪。"

　　面对孩子和老人之间的冲突，我们很容易偏向一方，伤了另一方的心。而积极倾听双方，才能助力我们做好中间调节人。

　　午饭时，1岁4个月的二宝想尝试用大汤勺舀大碗里的汤，但是小手还不熟练，外婆很难接受他把汤舀得到处都是，让他停下。这是孩子和外婆之间的冲突，于是我分别积极倾听他们俩："二宝好想自己试试哦，看到大家都是用大勺舀大碗的汤，你也想！外婆担心汤会洒得到处都是，不放心，接受不了。"我一边说一边做了些环境调整，给二宝围上塑料餐兜，把餐椅拉到餐桌边，汤碗尽可能靠孩子近一点，说："我们试试哦，尽量不洒出来。"二宝试着舀了几次,然后开始从大碗往自己碗里舀汤,用大勺在里面搅和。

外婆受不了了,说:"这还怎么吃啊?"

我继续倾听:"外婆不喜欢这样。"一边尝试把大碗挪开,二宝大哭,还想继续舀,继续试,我反复倾听了几次,不知道还可以做什么:"妈妈也好为难,夹在你们中间,又不想破坏你的探索,又想尊重外婆。"

外婆说:"来,我先舀一碗出来,剩下的你们玩吧!"

我说:"太好了,这样就都满足了,谢谢外婆的理解哦!"尊重之下,我们都找到了让彼此舒服的方式。

家庭矛盾看似都是鸡毛蒜皮,小事一桩,但往往怨恨就是在一件件小事中积累,最后爆发。家人之间的行为只有两个目的——"表达爱"或"索取爱"。

退一步海阔天空。只要退后一步,就有机会用全局视角看到他人身上潜在的优势和资源,从而整合和支持到当下的冲突,同时也帮助老人和孩子看到他们自己是有解决问题的能力的。在彼此尊重和谐的氛围里,孩子也会像植物一样,向着光,感受温暖,向上生长。

✔ 发现资源小练习

我们很大一部分的焦虑是来自于看不到身边的资源。当我们认为什么都只能靠自己的时候,就会压力山大,倍感孤独,心力交瘁。当我们看到孩子自身的潜能和资源、他人的资源

(比如爱人的资源和老人可以提供的帮助) 以及环境中可调动的资源时，就可以让自己轻松，变得更加游刃有余，成为高效能的父母。因此，我们要学会善用自己的支持系统。

在我们的养育环境中，有很多重要的资源等待你的发现和开发，请你写下有哪些他人的资源可以整合。

你的家庭系统里有哪些资源？家庭外呢？比如朋友、孩子的老师、同学……有哪里可以帮助孩子、支持孩子的？

环境中有什么可以调动的资源？比如孩子的学校、附近的图书馆、线上的资源等。

✔ 互助环小练习

　　家庭中，每个成员在便签纸上写下自己希望得到帮助的事情、梦想。然后去看看其他人希望获得帮助的事情，如果你可以帮助到他，就在你们之间画上连线，在这个过程中，我们会感觉到自己是有价值的，不管是被帮助还是帮助，都感觉到幸福感爆棚，心与心更相连。你可以把互助环拍照贴在下方，一周后审视，彼此约定的支持、鼓励、帮助是否有如约进行，也可以记录下你们进行这项练习的感受。

✔ 幸福思享会小练习

　　邀请关心你的幸福并对其有重要影响的家人和朋友，一起成立一个幸福思享会，也可以叫幸福董事会。面对面沟通，共同参与规划和执行你们的幸福计划，并定期检视可以提升和改进之处，以及可以调动的资源，相互协助。相互协助的同时，会强化彼此对幸福的追求。当我们提醒彼此幸福关系的重要性，以及追求有意义和有创造力的新鲜生活时，我们自己就更有动力去做这样的事情。一起走，比一个人独行，更容易。

结　语

―――

仔细用心纺出细线，

用这细线编织布料，

宛若挚爱穿戴其身。

尽心尽意盖出房舍，

宛若挚爱安住其中。

温柔播种欢喜收割，

宛若挚爱尝食其果。

——托尔斯泰

不知不觉来到了书的结尾，我的幸福配方已一一奉上，谢谢亲爱的你，细细品读到此。生命的河流奔涌向前，不停息，谢谢你曾为这本书驻足过，谢谢这段相遇，也邀请你谢谢你自己，欣赏自己为了养育幸福小孩、经营幸福的小家而花费时间，努力探寻和学习成长。是时候让你的创造力喷涌，为孩子，也为自己创造生命中的自在和幸福时光。

莎士比亚说："做中乐，乐无穷。"没有哪本书，看完了就拥有了幸福的生活，关键是要去做。相信自己可以做以前不能做的事，为你所相信的认真踏实地去做。只要去做，我深信，你会收获到你的惊喜，为你的生活增添喜乐。你会拥有改变的力量，让更多的幸福面包发酵，获得真实的持续的幸福。

在这个世间，没有哪个人是真正的孤岛，没有朋友、家人，没有爱和依恋，快乐也难以走近。幸福既来自内心，也来自我们与他人、与这个世界交互的过程中。别忘了，发自内心地欣赏那些平凡的日子，日出日落，云聚云散，欣赏孩子好奇的眼睛，欣赏生活中小小的惊奇，欣赏身边人的优势。

教育的真谛不就是每一个人的自我发现、自我实现吗？陪着孩子的过程，也别忘了陪陪自己。记得自己是可以给自己最好陪伴的人。想寻找人生的智慧，就要从自己的内心开始，接纳自己、原谅自己的情绪和失败，从中找到意义、收获和力量。珍惜婚姻中在一起的时刻，他人也有各自的不易，放下"对方是恶魔"的剧情，从双赢出发，就能在关系中找到平衡，发现对方的所长。"异中求同，折中冲突，乃万事万物的生存之道。"如果相遇，给予倾听、陪伴甚好；如果他人也被卡住，能助一臂之力也甚好。自己累的时候，可以蜷在自己的窝里，好好照顾自己；自己舒展的时候，也可以放下重重的壳，轻松地去花间享受。有一天，这只软毛虫会伸出翅膀，飞向天空，自由飞翔，找到满足、幸福与意义，拥有智慧人生。

让我们对生命说是

对情绪说是

对更多全情投入、心流涌动说是

对生命中的意义说是

对积极成就说是

对挫折说是

欢迎他们来到生命中，来到关系中，来到家中，让幸福之花绽放！每个当下都是可以看到、听到、嗅到、触到的真实且珍贵的生命体验。

由此，孩子和我们都可以成为身心和谐、拥有蓬勃丰盈人生的个体，这样的个体又汇集成一个个幸福和谐的家庭，再汇集成和谐的社会，从而缔造美好和平的世界！

祝福你，我的朋友！

✔ **内在智慧小练习**

让我们以终为始，回归本心，想象一下自己已经80岁，坐时光机来到了这个当下，你会对现在刚刚看完这本书的自己说些什么呢？请你花5分钟把答案写下来。

　　请你经常回来看看自己写下的话，也可以经常邀请内在的智慧出来对话，看见自己。

　　以下是在我写这本书的过程中被困住时，我邀请内在的智慧，与自己的对话，在此分享给大家。

　　谢谢你，虽然迷茫过，紧张过，有过压力，也怕过，但是没有退却。曾经的你害怕辜负期待，但实际上你背负不了任何人的期待，他人的期待对于你就像是重重的壳，你背着它走得很慢、很慢，没办法做自己。你知道吗？这个世界上，通往成功的路只有一条，那就是用你的方式度过一生。在这个特别的改写世界历史的疫情期间，停下来，在天地间、山水中，静静书写，回归本真的内心希望给予大家纷乱的心一点安定，在嘈杂的生活中注入一剂幸福，多一点甜，少一点苦。你写着，也那么做着，你给出爱，也接收爱，你记录这生命长河中的点滴，并慢慢放下"我要为许许多多生命完全负责"的念头，邀一份轻松和自在入驻心田，带着好奇，发现成长之路上的惊喜。

参考文献

［1］塞利格曼. 持续的幸福［M］. 赵昱鲲，译. 杭州：浙江人民出版社，2012.

［2］希斯赞特米哈伊. 创造力：心流与创新心理学［M］. 黄珏苹，译. 杭州：浙江人民出版社，2015.

［3］达克沃思. 坚毅［M］. 安妮，译. 北京：中信出版集团，2017.

［4］契克森米哈赖. 心流：最优体验心理学［M］. 张定绮，译. 北京：中信出版集团，2017.

［5］布洛克，亨得利. 成长型思维训练［M］. 张婕，译. 上海：上海社会科学院出版社，2018.

［6］沃特斯. 优势教养［M］. 闫丛丛，译. 北京：中信出版集团，2018.

［7］戈登. P. E. T. 父母效能训练［M］. 琼林，译. 北京：中国发展出版社，2015.

［8］本 – 沙哈尔. 幸福的方法［M］. 汪冰，刘骏杰，译. 北京：中信出版社，2013.

［9］萨提亚. 新家庭如何塑造人［M］. 易春丽，叶冬梅，等译. 2 版. 北京：世界图书出版社，2018.